MITOLOGIA GIAPPONESE

Un viaggio tra leggende e miti giapponesi.
Racconti di terribili mostri, Yokai e spiriti che
contraddistinguono la cultura del Giappone.

Luigi Trentini

Sommario

Capitolo 1

Le Origini Della Mitologia Giapponese

La mitologia, a prescindere dal paese in cui ci troviamo, si occupa di studiare il complesso insieme di tradizioni culturali che legano una civiltà, un popolo o più semplicemente un gruppo di persone. Tali tradizioni vengono solitamente tramandate inizialmente oralmente e solo in seguito vengono messe per iscritte al fine di non smarrire alcun dettaglio. Spesso gli argomenti trattati, i personaggi o gli spiriti narrati sono di natura religiosa, spirituale o anche fantastica, pertanto è sempre molto complesso risalire alle origini della tradizione mitologica di un determinato paese.

Nonostante ci fosse stata una grande influenza da parte della cultura cinese, sappiamo che la maggior parte della mitologia nipponica ha origini autoctone. All'interno della disciplina troviamo, come anticipato poco sopra, tradizioni shintoiste, buddhiste e credenze popolari di ogni forma, legate alle pratiche di vita quotidiana tra le quali l'agricoltura o l'allevamento. Diventa quindi molto complesso distinguere in modo nitido ciò che appartiene realmente al mito giapponese e cosa invece è legato alla cultura religiosa.

Lo shintoismo è una religione autoctona giapponese politeista di natura animista che prevede l'adorazione di tanti e diversi dei che prendono il nome di Kami. Costoro non hanno rappresentazioni fisiche tangibili, ma assumono più che altro la fisionomia di una presenza spirituale. Le divinità pertanto sono moltissime, anche perché prevedono la rappresentazione di tutto ciò che la natura propone, dalle rocce alla volta celeste. Vediamo quindi l'origine del nome: Shinto significa letteralmente "Via degli Dei", concetto che venne tramandato dalla popolazione per molto tempo prima che comparisse il buddismo in Giappone. La religione non venne tramandata in modo scritto, perché non prevede alcun testo sacro o una autorità religiosa assoluta e di massima competenza. La mancanza di testi scritti o personalità superiori permettono ai credenti di sentirsi tutti allo stesso modo accettati, ma al tempo stesso compromettono il vero significato della tradizione.

Il pensiero mitologico giapponese che ancora oggi viene tramandato, si basa inoltre sul "Kojiki", in italiano "Vecchie cose scritte" ed è il libro di cronaca giapponese che risale all'epoca più antica in assoluto, inoltre è anche il primo testo narrativo che ci è pervenuto per mano di questo popolo. Il testo venne scritto all'inizio del VII secolo per volere del sovrano Tenmu dal clan Yamato con lo scopo di raccontare e custodire la storia del Giappone dalle origini sino al suo tempo, ma anche legittimare e celebrare la presenza sul trono del sovrano stesso. Si legge quindi la storia dall'epoca delle origini mitologiche, durante le quali vivevano le divinità shintoiste, chiamate Kami, sino all'imperatrice Suiko, vissuta tra il 592 e il 628 d.C..
Oltre al "Kojiki" e ad altri libri complementari, gli storici prendono in considerazione anche il "Nihonshoki", anche chiamato "Nihongi", in italiano "Annali giapponesi", ovvero il secondo libro pervenutoci in ordine cronologico sulla storia del Giappone. Risulta nella lettura più elaborato del precedente testo, ma si concentra soprattutto su argomenti di carattere religioso e il legame di questi con la presenza degli imperatori. Nonostante questo, presenta anche esso i racconti della mitologia giapponese di cui elenca con una lista di nomi piuttosto lunga e confusa tutti i personaggi. La narrazione arriva fino all'anno 697 d.C.

Prima dell'avvento del Buddismo e di altre dottrine di origine cinese, la religione professata in Giappone era Shin-to'. Allora il Giappone aveva un nome diverso, ovvero Ji Pen, in italiano "Paese dove sorge il sole" o "Paese del Sol Levante", ecco perché ancor oggi lo sentiamo chiamare così.

La parola Shin- to' significa invece "Via degli Dei" o "Dottrina degli Spiriti" e proviene dalla traslitterazione di una parola cinese, Shen. La dottrina, secondo i racconti e gli scritti classici, raccoglie tutte le manifestazioni o rappresentazioni che vanno oltre al normale accadere degli avvenimenti, parliamo quindi di tutti i fatti che suscitano paura, stupore o meraviglia. Tutto questo è contenuto nel ciclo generatore dello Ying e dello Yang. Shen sta pertanto a rappresentare gli spiriti e la forza vitale, la conoscenza e la vitalità.

Ying e Yang traggono invece origine dalla filosofia cinese; i due termini rappresentano la dualità del giorno e della notte, pertanto ricoprono il ruolo dei colori bianco e nero che si riflettono sulla natura.

Lo Shin-to' non è quindi una parola di origine giapponese, ma nasce con la fusione della società con le tradizioni e le credenze popolari di origine cinese.

La parola ha un significato molto simile al termine Kami-no Mici, usato invece dai giapponesi per indicare la religione dei propri avi. Kami indica tutti gli esseri sovrumani, gli spiriti e i potenti che vivono tanto in cielo quanto in terra, le cui descrizioni o azioni sono narrate nei testi sacri. Secondo questi ultimi, la presenza dei Kami consacra la terra nipponica, in quanto incarnano gli elementi naturali che costellano il territorio: gli alberi, i fiumi, i mari e i monti. I Kami non sono solo esseri tangibili con forza innaturale, ma anche gli elementi naturali, le forze e le perturbazioni più facilmente riconoscibili.

Esattamente come accade con gli Dei abitanti l'Olimpo greco e latino, anche i Kami insidiano gli uomini e agiscono sul loro volere. Instillano infatti le idee del giusto, del male, del bene, del lecito o illecito, ma anche il conformarsi o il dissociarsi con l'ambiente e la società.
Ancora, regolano l'alternarsi dei giorni, mesi e stagioni dell'anno, operano per generare il bene e il male tra gli uomini. Gli Dei schierati nella fazione malvagia vengono chiamati Magatsubuno Kami.

Prima che tutto fosse stato generato, la tradizione ci racconta che c'era uno spazio infinito, Ohosora, nel quale non esisteva assolutamente nulla, nemmeno il sole, gli astri, la terra o il mare. L'unica cosa che esisteva nell'infinito spazio era il Dio Invisibile del Cielo di Mezzo, in giapponese "Amenominakano Kami", accompagnato da altre due divinità: Takamimusubono Kami e Kamumimusubino Kami.
Lo sprigionamento della loro forza assunse la forma di una nuvola che invase lo spazio infinito e vuoto e si dice che fluttuando generò qualcosa di simile ad un piccolo germoglio di bambù brillante e trasparente. Il germoglio crebbe e generò una pianta di bambù che si innalzò diventando immensa ed altissima. Dalla crescita del bambù si generò Amatsu Kami, ovvero la Volta Celeste e Ama, cioè il Cielo.
Sopra al bambù prese quindi vita il cielo, mentre al di sotto, alle radici, si staccò una nuova creatura, la Luna.

Con la creazione del Cielo, dell'Universo e della Luna presero forma le sette divinità che si divisero poi in due gruppi: tre divinità solitarie e quattro coppie di Dei maschi e femmine.
Vediamo quindi le prime tre divinità solitarie:

Kuminotokotacino Mikoto
Kunisatsucino Mikoto
Toyokumununo Mikoto

Kuminotokotacino Mikoto fu in assoluto la primissima divinità ad apparire insieme alla generazione del Cosmo. Costui, nato dall'unione filosofica tra le tradizioni giapponesi e cinesi, venne considerato come l'unione assoluta dei Cinque Elementi: Acqua, Terra, Fuoco, Metallo e Legno.
Kunisatsucino Mikoto e Toyokumununo Mikoto rappresentano invece singolarmente rispettivamente l'elemento Acqua e Terra.

Passiamo ora alle quattro coppie:

Ohijinino Mikoto e Suhijinino Mikoto
Ohotonojino Mikoto e Onotonobeno Mikoto
Omodaruno Mikoto e Kashikoneno Mikoto
Izanagino Mikoto e Izanamino Mikoto.

Le prime tre coppie rappresentano invece gli ultimi tre Elementi, ovvero Fuoco, Metallo e Legno.
L'ultima coppia invece è rappresentativa dello Ying e dello Yang in modo distinto, di cui abbiamo già brevemente parlato nel precedente paragrafo. Dall'unione di queste due divinità, uniche tra le sette feconde, sono nate tutte le altre divinità che costellano la gerarchia divina giapponese, ma anche tutti gli esseri umani e le

creature della terra. Nascono anche le isole e i continenti, partoriti esattamente nelle modalità umane.

1.1. La nascita delle otto isole giapponesi

Le otto isole Giapponesi vennero generate, come anticipato nel precedente paragrafo, dall'unione tra Izanagino Mikoto e Izanamino Mikoto.

I due divini genitori vissero a lungo con le proprie creature, finché il signore dell'Alto Piano del Cielo non li chiamò e non chiese loro di trasformare i mari e gli oceani fangosi in Terra ferma che sarebbe stata poi da loro stessi fecondata con uomini ed esseri viventi. Le due divinità, trovandosi su un ponte fluttuante, presero quindi la lancia donata loro dal Signore dell'Alto Piano del Cielo e cominciarono ad osservare ciò che stava al di sotto, che allora era dominato dal Caos. Izanagi prese allora la lancia e la immerse nella profondità. Ritirandola cadde una goccia di fango che andò a costruire la prima isola, Onogorojima, sulla quale discese poi la coppia divina. Giunti sull'isola piantarono la lancia nella terra generando così il Celeste Pilastro, attorno al quale costruirono la loro reggia, Yahirodono.

Dall'unione dei corpi dei due Dei venne generata la prima creatura, Hiruko, il bambino debole. Il figlio venne quindi lasciato su una barca a scomparire nel mare. Anche la seconda creatura non fu soddisfacente e prese il nome di Awano Shima, brutto e debole come il primo.

I due interpellarono allora gli Dei per chiedere loro la ragione dei primi due insuccessi, ma nemmeno le divinità furono in grado di dare una risposta ai loro drammi, mentre invece gli consigliarono di rifare il giro a ritroso attorno al primo pilastro della reggia per unirsi nuovamente. I due divini amanti misero tutte le loro forze nella terza unione, dalla quale nacque una grandissima isola, la maggiore tra le isole giapponesi e prese il nome di Ohoyamato Akitsushima. In seguito a questo grande successo, i due generarono altre isole: Tsushima, Sado, Shikoku, Iki, Kyuschù, Oki e Awaji.

Il Giappone, proprio per celebrare la nascita delle prime isole, prese il nome di Ohoyashima Kumi, ovvero il paese delle otto isole. La procreazione però non cessò e vennero generate altre isolette, mentre gli scogli, le isole e le terre fuori dal dominio giapponese, vennero prodotte dalla spuma del mare.

In seguito, generarono anche le altre divinità con immagini e sembianze simili a loro, ma affronteremo questi racconti nel capitolo 3.

Capitolo 2

Il Sole, La Luna E Il Vento

Abbiamo già visto nel precedente capitolo che la mitologia giapponese trae origini dalla religione più diffusa nella popolazione: lo shintoismo. Abbiamo anche detto che le divinità sono moltissime e rivestono sia le forze naturali ma anche gli elementi che caratterizzano la natura.

Le divinità più importanti sono il Sole, la Luna e il Vento. Poiché però non ci sono leggende o narrazioni scritte, le versioni delle storie che narrano la nascita o le vicende delle divinità sono molteplici, quindi andremo a prendere in analisi le più importanti e conosciute.

La prima dea che osserveremo è la Dea Sole, in giapponese Amaterasu-ō-mi-Kami (天照大御神), più comunemente Amaterasu. Letteralmente il nome non significa Sole, bensì Grande Dea.

Il secondo è il dio del Vento, Fūjin (風神), protettore del fratello dio dei tuoni e fulmini, Raijin.

Il terzo ed ultimo invece sarà una divinità alla quale abbiamo già fatto riferimento nel primo capitolo, perché è coinvolto nella nascita della volta celeste e nelle origini mitologiche del Giappone: il dio della Luna, in giapponese Tsukuyomi (ツクヨミ, 月讀) anche chiamato Tsukuyomi-no-mikoto (ツクヨミノミコト, 月夜見尊),

2.1 La nascita del Sole

Sulla nascita della divinità del sole, Amaterasu, ci sono moltissime teorie e leggende oralmente tramandate, ma vediamo le tre principali.

A questa divinità tanto importante venne consacrato il tempio shintoista di Ise-jingu, collocato presso la prefettura di Mie, Ise. La prima costruzione del tempio, secondo la tradizione, avvenne durante il Regno dell'undicesimo Imperatore Giapponese, vissuto tra il 29 e il 79 d.C., Suinin-Tennō. Altri storici collocano la realizzazione dell'edificio durante il periodo Asuka, tra il 538 e il 710 d.C. Il tempio venne poi costruito svariate volte e quello di cui possiamo godere oggi è il sessantaduesimo, realizzato nel 2013. È stata prevista una nuova costruzione datata 2033.

L'importanza del dio del Sole è data dalla leggendaria discendenza da questa divinità dell'intera stirpe imperiale giapponese, pertanto il simbolo ha assunto una valenza nazionale ed è stato inserito sulla bandiera.

Vediamo quindi le tre versioni della nascita del dio del Sole.

Abbiamo detto che il "Kojiki" è testo storico più antico e importante nella tradizione giapponese, da cui gli studiosi di mitologia nipponica prendono più informazioni.

In questo testo è narrata la prima delle versioni che vedremo in questo capitolo sulla nascita di Amaterasu: si narra infatti che Izanagi, il padre di tutti i Kami aveva compiuto un viaggio presso il mondo sotterraneo, Yomi-no-kuni, con lo scopo di riportare con sé la moglie e sorella Izanami ormai deceduta. La morte della moglie era stata causata dal concepimento del kami del fuoco, Kagutsuchi.

Di ritorno dal viaggio Izanagi dovette recarsi al fiume per compiere un rituale di purificazione dal regno dei morti.

Durante il rituale la tradizione narra che lui abbia generato dal suo occhio sinistro la divinità Amaterasu.

Sempre nello stesso testo si racconta che i primi tre figli della coppia divina Izanagi e Izanami si divisero tra di loro in modo autonomo i compiti più importanti e da solo, Amaterasu, scelse il ruolo della Dea del Sole.

Nel "Nihongi", l'altro annale di cui abbiamo già parlato, si narra invece che la coppia Izanagi e Izanami creò subito tutte le divinità e furono loro ad assegnare ai propri figli i compiti divini. In una variazione del testo invece si dice che fu solo Izanagi a creare durante una cerimonia Amaterasu, quando guardò nello specchio Yatano Kagami che teneva in mano. Quest'ultimo è uno dei tre sacri tesori delle insegne imperiali del Giappone.

2.2 La nascita della Luna

La divinità della luna è la seconda genita di Izanagi. Il nome giapponese, Tsukuyomi, assume moltissimi significati a causa dell'assemblaggio dei termini che compongono la parola. Alcune teorie sostengono che Tsukuyomi sia la fusione tra le parole tsuki e yomu. La prima significa Luna e mese, la seconda invece leggere e contare.
Un'altra interpretazione invece prende come riferimento un altro nome con cui viene chiamata la divinità: Tsukuyomi-no-mikoto. Il primo termine Tsukiyo significa notte illuminata dalla luna, mentre invece miru significa guardare.

La nascita di Tsukuyomi viene legata ad Amaterasu, che abbiamo visto secondo una leggenda essere nato dall'occhio sinistro del padre. La divinità della Luna nasce, per la stessa tradizione, dall'altro occhio del padre durante la purificazione presso il fiume. Un'altra leggenda invece, esattamente come per il Sole, che sarebbe nato dallo stesso specchio Yatano Kagami che Izanagi portava nella mano destra.

In seguito, la divinità salì presso il Takama-ga-hara, ovvero l'altopiano del paradiso, la dimora di tutti i Kami per vivere con tutte le divinità, tra cui la sorella Amaterasu, che alcuni definiscono addirittura sua moglie.
Giunto presso la casa divina, venne accolto, secondo la leggenda, con un banchetto preparato dal Kami del cibo, Uke-Mochi. La divinità della Luna mangiò il cibo preparato piacevolmente, ma quando scoprì che le pietanze erano state prodotte dagli orifizi del Kami, si arrabbiò e lo uccise. Da questo episodio scaturì anche una lite con la divinità Amaterasu, che decise di spostarsi nella volta celeste per non stare più vicina alla Luna, ma approfondiremo più avanti questa vicenda.

2.3 La nascita del Vento

Il dio del Vento, Fūjin (風神), viene spessissimo rappresentato nell'iconografia mitologica giapponese insieme al fratello Raijin, il dio del tuono e dei fulmini, quindi non potremo non farne riferimento in questo racconto.
Il dio del vento venne infatti creato proprio per proteggere il cielo dai fulmini e tuoni del fratello.
Anche Fūjin nasce da Izanami. La Dea decise un giorno di disperdere la nebbia che copriva la terra con il suo alito e da questo soffio nacque proprio il Dio del Vento, che non è altro che il soffio e il respiro della madre.

La divinità era già presente durante la creazione del mondo, pertanto è tra le più antiche della tradizione mitologica nipponica. Izanami viene anche ricordata come la divinità protettrice e generatrice della morte oltre che la moglie e sorella di Izanami e madre degli Dei.

Quando Fūjin durante la creazione aprì il suo sacco, fece uscire tutti i venti che spazzarono via la nebbia mattutina che copriva la terra e poi si posarono tra il cielo e quest'ultima, dando così la possibilità al sole di brillare e scaldare il suolo.

La divinità viene iconograficamente rappresentata per l'appunto con questa sacca che ha in realtà un'origine occidentale, perché sembra quasi un mantello o uno scialle che era solito indossare Oado, il dio greco Boreas.

Inoltre, come il fratello Raijin, viene spesso rappresentato come un Oni, ovvero dei personaggi folkloristici molto simili ai demoni con gli occhi rossi, la pelle verde, questa grossissima sacca piena di venti e una mantella di leopardo molto simile al costume della divinità greca Dioniso.

Raijin è molto simile al fratello, ma chiaramente è privo della sacca. Porta invece con sé dei grossi tamburi, i Taiko, ha un'espressione molto feroce, spaventosa e cattiva e i capelli sono molto leggeri, simili a quelli di un orco.

Questa divinità nacque in seguito alla morte della madre, la Dea Izanami, in decomposizione.

Capitolo 3

Le divinità mitologiche

Abbiamo visto, già nel primo capitolo, che le divinità della mitologia giapponese prendono il nome di Kami e abbiamo scoperto le storie di quelle che hanno caratterizzato l'origine di questa tradizione. In questo capitolo vedremo in modo più approfondito cosa significa il termine in questione e poi andremo ad analizzare alcune divinità minori con lo scopo di rendere la lettura dei prossimi capitoli, ancor più costellati di miti e leggende, più semplice e forse intuitiva.

Veniamo quindi, per prima cosa, a capire che cosa sono i Kami. Solitamente per comodità, come abbiamo fatto con il titolo del capitolo, si è soliti tradurre il termine con la parola divinità, proprio perché in questo modo gli storici hanno lavorato nel mondo occidentale durante lo studio dei testi mitologici di origine greca o latina. Gli Dei occidentali, infatti, hanno sembianze umane e anche caratteristiche fisiche e morali tipiche dei mortali. Nel mondo asiatico e giapponese invece, i Kami hanno origine dallo Shintoismo e sono proprio i maestri teologi della disciplina a spiegarci che fraintendimenti come quelli appena descritti rischiano di minare il vero senso della tradizione. La parola Kami ha un significato molto particolare e complesso, in quanto non è traducibile con un solo nome, aggettivo o verbo, ma servono invece tanti vocaboli dai significati tra di loro molto simili. La vediamo spesso tradotta nei termini di forza, intelletto, istinto o anche

19

potenza divina. In italiano potremmo utilizzare anche Numi, che indicano proprio la forza intellettuale divina.

Il giapponese, a differenza delle lingue neolatine come l'italiano, non ha differenza tra singolare e plurale, pertanto Kami non è un nome contabile. Esiste invece la differenza tra maschile e femminile, quindi per il primo gruppo abbiamo Kami-gami, per il secondo Megami, ma noi non utilizzeremo mai questa distinzione nel libro.

I Kami proprio perché non sono delle persone o personaggi fisici, esistono in quanto rappresentazione degli effetti della natura sulla terra, quindi parliamo delle isole, delle terre emerse, delle montagne, ma anche delle semplici rocce o forze naturali, tra le quali appunto il Vento, presentato già in precedenza, le tempeste o gli astri. Questo avviene perché lo spirito è quello di ritrovare ciò che la Terra e l'Universo offrono per poter essere a loro grati e rendere quindi omaggio per quanto donato.

Sono anche, secondo le teorie religiose shintoiste, rappresentazioni delle personalità importanti, tra le quali possiamo citare gli imperatori ma anche gli antichi clan progenitori della stirpe giapponese; in questo caso non impersonano singoli uomini o capi, ma addirittura l'intero gruppo del clan. Infine, il termine Kami viene anche utilizzato come carica onorifica assegnata a personalità di spicco.

I Kami, oltre a ricoprire quanto abbiamo fino ad ora detto, sono anche la rappresentazione di un concetto importante, quello che in giapponese si dice musubi. La parola proviene da una leggenda di origine cinese, la quale narra che ognuno di noi ha il proprio destino collegato con quello di un'altra persona attraverso un filo rosso legato al mignolo della mano sinistra. Il termine Musubi allora è

diventato la connessione ed il legame tra le persone, ma anche con l'universo. Vedremo poi nel capitolo 6.13 la leggenda completa.
I Numi, rappresentati dell'unione e dell'energia di connessione, sono considerati gli esempi e i modelli a cui l'uomo deve tendere per divenire un essere giusto.

Esistono moltissimi Kami, non si può numerarli per quanti essi sono, ma hanno tutti circa le stesse cinque caratteristiche che andiamo a vedere di seguito.

1. Per quanto ogni divinità sia diversa, esistono comunque 300 tipologie circa e ognuna ha una funzionalità differente. I Kami vengono quindi classificati secondo uno scopo o una ragione operante.

2. I Kami sono caratterizzati da un'essenza bivalente così internamente divisa e spartita: esiste un'anima buona, giusta e caritatevole ed un'altra invece cattiva, orgogliosa e quasi vessatoria. La prima prende il nome di nigi-mitama, la seconda invece di ara-mitama. Possono quindi generare fortune e ricchezze, ma anche catastrofi, dissapori tra gli uomini e distruzioni. Per poter ottenere la supremazia dell'animo buono, il Kami deve essere placato con doni e preghiere da parte degli uomini.

3. I Kami, nonostante la loro dualità interna, sono comunque chiamati a governare e prendersi cura degli uomini che circondano il loro specifico ambito di attività, ma anche l'ambiente stesso che vanno a rappresentare.

4. I Numi sono al contempo invisibili all'occhio umano, abitano invece nei luoghi di culto che l'uomo stesso edifica

per loro, nei fenomeni naturali o nei riti e rituali religiosi ad essi dedicati.

5. I Kami non stanno mai fermi in un solo luogo. Se pensiamo infatti alla divinità del vento, possiamo immaginare che non può stare ferma in un solo posto, ma attraversa tutta la terra. Al tempo stesso le divinità vanno a far visita agli uomini e ai templi per loro realizzati al fine di godere di quanto viene offerto e preparato.

Se gli Dei occidentali abitano ufficialmente sul monte Olimpo e poi si spostano sulla Terra, allo stesso modo fanno i Kami, i quali sono in realtà nascosti nel mondo e vivono in una sorta di esistenza complementare molto simile alla nostra. Questo luogo prende il nome di Shinkai.
Vivere in armonia con i Kami significa essere ispirati dalla natura con consapevolezza, prendendo così la Via dei Kami, kannagara no michi.

Abbiamo visto nel primo capitolo che i primi coniugi divini sono Izanagino Mikoto e Izanamino Mikoto, i quali hanno generato i primi tre figli: il dio del Sole, Vento e Luna. Di seguito, abbiamo detto, sono state generate le otto isole del Giappone, ma non solo. Vediamo quindi le altre isole generate dai due.

- Awazi, dio dell'isola giapponese Awazi
- Sado, dio dell'isola giapponese di Sado
- Honshū, dio dell'isola giapponese di Honshū
- Kyūshū, dio dell'isola giapponese di Kyūshū
- Iki, dio dell'isola giapponese di Iki
- Shikoku, dio dell'isola giapponese Shikoku
- Tsushima, dio dell'isola giapponese di Tsushima

Veniamo quindi a conoscere la storia o alcune leggende tramandate circa la nascita di alcuni Kami, tralasciando quelli legati alla storia delle isole, di cui abbiamo già in precedenza parlato.

3.1 Kagutsuchi

Kagutschi è l'ultimo figlio di Izanami e Izanagi ed è classificato nella mitologia giapponese come il Kami del fuoco. Il "Kojiki", il testo di riferimento maggiormente usato, lo ricorda spesso anche con il nome Hinokagatsuchi, poiché Hi significa fuoco e letteralmente il nome nella sua interezza assume il significato di luce, brillantezza, forza e potere.

Leggiamo la storia della nascita di questa divinità direttamente dal testo di riferimento sopra citato:

la leggenda narra che Izanagi e la sua compagna e sorella Izanami generarono tutti i Kami, ognuno con un preciso ruolo. Al momento però dell'ultimo parto, quello di Kagatsuchi, Izanami rimase ferita gravemente da un'ustione che la portò a morire poco tempo dopo, lasciando così la divina residenza per recarsi nell'aldilà.

A seguito della malattia di Izanami, Izanagi riuscì comunque a generare altri Kami, i quali rappresentano di conseguenza una seconda generazione di figli.

Ad ogni modo, quando Izanagi si accorse della sventurata fine della consorte, si arrabbiò e si disperò al punto da impugnare la Spada del Cielo, in giapponese Ame-no-Ohbari e uccise il suo ultimo figlio. Con questo gesto il corpo di Kagatsuchi venne diviso in otto parti, un numero che abbiamo già visto ricorrere nella mitologia con le isole del Giappone. In questo caso però rappresenta i Kami protettori delle montagne, i Yama-no-Kami principali di cui vediamo subito i nomi:

- To-Yamatsumi, generato dalla testa.
- Oku-Yamatsumi, generato dagli organi riproduttivi.
- Masaka-Yamatsumi, generato dal petto.
- Odo-Yamatsumi, generato dalla pancia.
- Ha-Yamatsumi, generato dal piede sinistro
- Hara-Yamatsumi, generato dal piede destro.
- Kura-Yamatsumi, generato dalla mano sinistra
- Shigi-Yamatsumi, generato dalla mano destra

Oltre a quelli sopra elencati, nati come detto da una delle otto parti del corpo in cui il Kami venne diviso dal padre, ne dobbiamo aggiungere altri due: Ōyamatsumi e Konohananosakuya-hime. Il primo è il protettore dei soldati e dei marinai e si dice che sia in realtà il governatore di tutte le montagne. La seconda è invece la figlia, protettrice del monte Fujisan.

3.2 Ama – no – Uzume

Ama-no-Uzme è una divinità di genere femminile e moglie dello spirito Sarutahiko Okami, che vedremo paragrafo 3.20.
Questa divinità viene tradizionalmente assegnata allo spirito dell'alba, per questo sono a lei legati tutti i miti relativi l'eclissi.
Non conosciamo la storia della nascita della dea, ma andiamo a scoprire insieme quale fu l'episodio che la rese nota tra i numi giapponesi e che forse sancisce una sorta di nascita dell'accettazione tra i divini compagni della dea dell'alba, inizialmente non considerata come loro pari.
La tradizione ci descrive in due modi l'effige di questo Kami: una ce la racconta come una giovane ed esile fanciulla, la seconda invece come una gracile vecchietta. In entrambi i casi, vedremo nella leggenda, appare comunque come una donna particolarmente coscienziosa ed ingegnosa. Vediamo quindi la sua storia.

24

Accadde un giorno che la dea del Sole, Amaterasu, decise di sfidare il fratello protettore dei venti, Susanoo. Se la prima era nota per la gentilezza, la luce e il calore che donava alla terra, il secondo invece era meno gentile e più imprevedibile.

Quel giorno, i due fratelli decisero di sfidarsi in una gara di velocità nella corsa e alla fine vinse Amaterasu, facendo così arrabbiare il fratello che, capriccioso come le leggende lo hanno sempre descritto, decise di vendicarsi distruggendo tutti i campi di riso che la sorella aveva reso prosperosi con il suo calore, inoltre, trovato un cavallo, lo uccise e lo decapitò, gettando poi la testa nel palazzo della divinità.

Questa reazione di Susanoo fece però arrabbiare e spaventare la dea del Sole, la quale decise di privare tutta la terra della sua presenza e dei suoi benefici andandosi a rifugiare in una grotta. Tutti gli Dei provarono quindi a bussare all'altro per dissuaderla e farla uscire, ma nessuno riuscì a portarla fuori.

Quando tutti gli Dei ebbero fallito, apparve la piccola Ama-no-Uzume, la dea dell'alba. Poiché molto piccola e poco considerata dagli altri Dei, nessuno le credette quando promise che lei avrebbe tirato fuori la Dea dalla grotta.

Per farlo prese uno specchio e lo mise davanti all'ingresso dell'antro, poi prese una botte di sakè vuota e la girò per creare un piedistallo sul quale salire in piedi. Ci salì sopra e cominciò a ballare in modo energico, divertito e coinvolgente. Ama-no-Uzume saltava, girava e danzava gioiosamente, tanto che perse tutti i vestiti e rimase completamente nuda, ma questo non fermò il ballo.

Il suo ballo attirò molte divinità, che arrivate presso la grotta cominciarono ad acclamare la piccola dea e a prendere parte alla sua danza.

Amaterasu allora, incuriosita dal chiasso e dalle urla di gioia, decise di capire cosa stesse accadendo fuori dal riparo. Si avvicinò all'uscio e vide la scena, ma così fece uscire dall'antro uno spiraglio di sole e di luce che rifletté in modo accecante sullo specchio.

Le divinità presenti al ballo si accorsero subito della presenza del Sole, allora non attesero nemmeno un istante e subito di affrettarono a prenderla e portarla fuori dalla grotta.

Amaterasu era piuttosto sorpresa per essere stata presa con la forza e contro la sua volontà, ma le danze della dea dell'Alba e tutto il clamore e la gioia che quest'ultima aveva generato, le fecero passare la rabbia e soprattutto la paura e decise di tornare a vivere all'aria aperta, così la Terra tornò ad essere riscaldata e illuminata.

Quanto a Susanoo, venne bandito dal cielo a causa del suo comportamento illecito, scorretto e poco incline ad una divinità.

3.3 Susanoo

Abbiamo già percepito nel precedente paragrafo la presenza di un Kami un po' più ribelle rispetto agli altri, meno amorevole e più impulsivo e stiamo parlando di Susanoo, il tradizionale rappresentante, secondo lo shintoismo, delle tempeste, del mare e degli uragani.

La storia di questa divinità ha origine con la divinità paterna di tutti gli Dei, Izanagi, il quale fece un viaggio presso lo Yomi, il regno dei morti, in visita alla sorella e compagna deceduta Izanami.

Di seguito al viaggio, la divinità padre si trovava a compiere una delle mosse base del Judo, l'harai, anche chiamata "spezzata d'anca". Durante il movimento cominciò a scorrere nel naso di

Izanagi dell'acqua e da questo movimento nacque il figlio Susanoo, che venne subito incaricato dal padre di prendersi cura dei mari.

Il compito assegnato non piaceva particolarmente al Kami che si sentiva invece molto annoiato, pertanto abbandonò i mari per dedicarsi alla sua vera indole bellicosa, iraconda e indolente che sfogò contro gli esseri umani ma anche gli altri Kami mediante gesti violenti.

Come abbiamo potuto scoprire nel paragrafo 3.2 una delle principali vittime della sua noia era proprio la sorella Amaterasu e dopo l'episodio che vide la dea rinchiusa per la paura in una grotta e i campi arati, gli animali e le provviste degli uomini distrutti, Susanoo venne esiliato per sempre dalla Terra e venne costretto a vivere nella regione di Izumo, che prende il nome dalla madre dei Kami, Izanami.

In seguito a questo episodio punitivo molto forte e irreversibile, Susanoo riconobbe le proprie colpe ma soprattutto i propri doveri, così mise da parte il suo carattere bellicoso e cominciò ad operare per la difesa dell'umanità mediante opere e gesti volti al bene.

Le leggende ci raccontano infatti che sarà proprio questa divinità a salvare la giovane Kushinadahime destinata alle fauci di Yamata no Oochi, un serpente dotato di otto teste.

3.4 Sukuna – hikona

Questa divinità è nota anche con i nomi di Sukunabikona, Sukuna-bikona, Sukuna-biko-na, Sukuna-biko. Non solo, viene spesso chiamato anche con l'appellativo di divinità immigrata, in quanto proveniente dall'altro lato del mare. Ad ogni modo, questo è, secondo la tradizione shintoista, la divinità dell'agricoltura, della conoscenza, della magia, della guarigione, del sake e degli onsen.

27

Il Nume è noto per le sue abilità nell'arte medica, conosce la magia ed è anche spesso riconosciuto come il maestro di stregoneria tra i Kami.

Gli Onsen invece sono i tradizionali bagni termali giapponesi che tendenzialmente si trovano sia all'aperto che al chiuso, anche se la tradizione li vorrebbe solo all'aperto e possono avere tanto destinazione pubblica quanto privata. I bagni vengono svolti in completo nudismo, perché i giapponesi trovano molto importante la condivisione e la comunione della nudità, capace di abbattere barriere e pregiudizi e permette di conoscere a fondo le persone che ci circondano in una situazione del tutto naturale, familiare e rilassata. I bagni termali anche oggi si dice che portino benefici alla salute delle persone che li praticano.

La madre generatrice di Sukuna – hikona fu una delle primissime divinità delle origini, che abbiamo già incontrato nel primo capitolo del libro e prende il nome di Kamimusubi (anche chiamata Kamumimusubino Kami) e fa parte della triade che generò la terra e il cielo.

Sukana – hikona viene solitamente rappresentato come un nano spesso in compagnia della divinità Ōkuninushi di cui parleremo più avanti.

C'è però una ragione per cui questo Kami è legato anche alle sorgenti di acqua termale e la sua storia è custodita in questo mito: la leggenda racconta che durante una delle tante avventure di Sukana- hikona con il compagno Ōkuninushi, il primo si ammalò, così l'amico decise di recarsi presso le sorgenti termali di Dogo per immergere nelle acque la divinità debilitata. Le terme diedero forza a al Kami e lo fecero guarire, così questo cominciò a danzare su una roccia sulla quale vennero impresse le sue piccole orme, rimaste poi famose sotto il nome di *Tamanoishi*. La roccia è ad oggi conservata presso Dogo. In seguito a questo episodio le acque termali crebbero di importanza divenendo delle acque curative frequentate tanto da Kami quanto dai mortali.

Fu questo episodio di malattia a dare così tanto valore allo spirito del Kami, ma non solo, gli venne anche attribuita la salvaguardia della medicina e della cura sia degli uomini che degli animali. Le sue abilità vennero poi messe alla prova dall'imperatrice Jingu durante la sua maternità: Sukana – hikona venne invocato dalla donna mentre viaggiava in quanto provava dei disturbi e chiedeva la sua presenza affichè il feto fosse al sicuro contro ogni calamità. Da allora il Kami viene invocato a salvaguardia contro ogni calamità, animale strisciante o insetto che possono danneggiare i raccolti.

Abbiamo detto che Sukana – hikona è l'inventore del sakè e secondo la tradizione fu proprio lui ad insegnare agli uomini come ottenere la tipica bevanda dal riso. L'appellativo gli venne attribuito durante un brindisi ad un banchetto proposto dall'Imperatrice Jingu.
Proprio per la vicinanza con il cibo, il Kami è spesso in compagnia anche di un'altra divinità, Uke- mochi.

3.5 Ōkuninushi

Legato al Kami Sukana- hikona, a questa divinità viene attribuita la salvaguardia dell'identità nazionale, degli affari, della medicina e dell'agricoltura. Costui, secondo la tradizione shintoista, viveva nella provincia di Izumo nel nome di signore e regnante della stessa, finchè non venne spodestato da Ninigi, nipote di Amaterasu, dea del Sole. Per compensarlo della perdita regale, gli venne allora affidato il regno invisibile della magia e degli spiriti. Fu lui a creare il primo regno shintoista sotto suggerimento di Sujin, il primo imperatore giapponese verosimilmente esistito.

Quando Ōkuninushi era a capo di Miho, vide una piccola barca formata da un fiore che si muoveva tra le onde. Avvicinandosi riconobbe al suo interno un piccolo uomo, grande quasi quanto un pollice umano. Il Kami allora lo prese subito e gli chiese di presentarsi a lui attraverso il suo nome. La piccola creatura gli rispose mordendogli una guancia. Fu invece un rospo, che aveva assistito alla scena, a rivelare la natura di quel nano e così disse a Ōkuninushi: "Quello è Sukuna-hikona, figlio di Kamimusubi". Ōkuninushi fu colpito dalla sua piccolissima dimensione, non poteva credere che il figlio di un Nume potesse essere tanto potente quanto piccolo, così lo portò subito a Kamimusubi, per avere la conferma da parte sua che quello fosse davvero suo figlio. La divinità confermò la natura del piccolo Kami e ordinò a quest'ultimo di aiutare Ōkuninushi a completare l'opera che gli era stata affidata: costruire la terra giapponese.
Fu durante questa collaborazione che Sukana- hikona inventò diverse medicine e incantesimi per la cura di malattie o la protezione da esse.

I due amici si salutarono e si separarono presso le isole Amaji, quando Sukana – hikona si arrampicò su un chicco di miglio che piegandosi lo fece rimbalzare presso il paese leggendario di Tokoyo no Kuni.

3.6 Uke – mochi

Parlando nel paragrafo 3.4 della storia di Sukuna – hikona, ci siamo imbattuti in una divinità che spesso lo accompagna, Uke- mochi, letteralmente tradotta come Dea che possiede il cibo. Si può trovare anche con il nome Ōgetsuhime-no-kami.

Nella tradizione è per l'appunto la dea protettrice del cibo e degli alimenti. La dea è, secondo alcune tradizioni, la moglie del Dio del riso, Inari.

Questo compito le venne affidato quando partecipò ad un banchetto di cui abbiamo già in precedenza accennato. Uke- mochi organizzò questa festa in rappresentanza della sorella e divinità del Sole Amaterasu ed invitò il dio della Luna, Tsukuyomi. Fu proprio la dea a preparare le pietanze e il cibo generando lei il tutto dal suo stesso corpo: dall'ano uscì la selvaggina, poi girandosi verso l'oceano sputò dalla bocca un pesce ed infine, guardando una risaia, apparve con un colpo di tosse una ciotola colma di riso.

Il dio del Vento inizialmente mangiò quanto gli venne proposto in quanto era decisamente appetitoso e gustoso, ma quando venne a sapere delle modalità di preparazione di esso, rimase disgustato al punto di volersi vendicare contro il Kami che lo aveva prima preparato e poi costretto a mangiarlo tra le menzogne, così agì e uccise Uke- mochi.

Il corpo morto della Dea non smise comunque di produrre cibo, infatti cominciarono a comparire e a saltare dal corpo dei chicchi di riso, miglio, fagioli e addirittura, dalle sopracciglia, dei bachi da seta.

3.7 Inari

Anche chiamato Oinari, Inari è il Kami dedito non solo al riso, ma anche alla fertilità, all'agricoltura, all'industria (intesa come operato e lavoro) e alle volpi. Inari è uno tra i Kami più particolari e difficili da riconoscere, in quanto viene talvolta rappresentato nelle sembianze di uomo, come marito di Uke- mochi, altre come una donna ed altre ancora come un androgino, quindi con entrambe le caratteristiche nello stesso momento.

Per la maggior parte delle volte si crede che Inari sia un vecchio uomo che trasporta il riso, secondo gli studi di Karen Ann Smyers prende invece le sembianze di una dea giovane che porta il cibo. Ma ancora, ci sono delle raffigurazioni del Nume che lo vedono come un androgino bodhisattva, ovvero colui che ha trovato il proprio nirvana e continua comunque a ricercarlo attraverso la compassione.

In ultimo, alle volte la divinità appare sotto le sembianze di una serpe, di un drago o, secondo alcune leggende, apparve un giorno ad un uomo malvagio con l'aspetto di un mostruoso ragno vendicativo.

Addirittura, viene anche considerato non solo come una singola unità, ma come un intero collettivo di un numero variabile dai tre ai cinque Kami sia per la tradizione shintoista che quella buddista.

Le volpi (in giapponese kitsune) che spesso sono ritratte con lui, in quanto protettore di queste, sono di color bianco e svolgono per lui il ruolo di messaggere.

3.8 Ryujin

Conosciuto anche con il nome di Ōwatatsumi, Ryujin è per tradizione la divinità assegnata alla protezione dei mari e delle acque.

A tramandare fino a noi la sua nascita è ancora la religione shintoista, la quale racconta che la divinità è figlia del Kami Izanagi e anche lei è venuta al mondo dopo il noto viaggio del padre presso l'aldilà dalla compagna e sorella defunta. Di ritorno sappiamo che la divinità fu costretta a purificarsi con un bagno nel mare, al termine del quale generò Ryujin, rendendolo così il dominatore dei pesci, di tutte le creature viventi nel mare e il controllore delle maree. Non solo, a lui spetta anche il potere di muovere le acque degli oceani e le correnti marine attraverso l'uso di due gemme magiche, Kanju e Manju. Il Kami è di natura benevolo, regola il mare al fine di agevolare le necessità umane ed evitare incidenti o danni al suo operato.

Generalmente viene rappresentato attraverso due modalità: come un dragone di colore verde con un'enorme bocca, oppure come un vecchio saggio e coraggioso che abita in un grande palazzo di coralli rossi e bianchi sul fondale marino. Presso il palazzo si comporta come un padrone di casa disponibile e accogliente. È inoltre spesso accompagnato da alcune creature con la funzione di messaggero, i Watatsumi, ovvero degli esseri marine mostruose. Non solo i mostri, ma anche tutte le creature del mare come i pesci, le tartarughe o le meduse, sono per tradizione suoi servi.

Ryujin è noto come il padre della dea Otohime, che vedremo in modo più approfondito nel prossimo paragrafo.

3.9 Otohime

Il nome più comune della divinità Otohime è Toyotama- hime, il cui significato è Gioiello luminoso, per questo viene riconosciuta come la divinità del suono.

Viene rappresentata come una bellissima donna vestita con un abito sempre bagnato. La bellissima donna però nel momento in cui agisce secondo quanto affidatole come divinità, assume le sembianze di un drago similmente al padre.

Fu suo padre Ryujin a farla sposare con Hoori, il figlio di Ninigi e Konohana.

Otohime conobbe Hoori quando quest'ultimo, intento a pescare con il fratello Hoderi, si ritrovò privo di tutti i suoi ami, così si spinse sul fondo del mare per recuperarli. Durante la ricerca vide

Otohime e subito tra i due giovani scoppiò l'amore, così si presentarono al padre della dea per chiedere lui il consenso e la benedizione. Il dio del mare acconsentì all'unione e ordinò ai suoi pesci di aiutare il Kami a recuperare tutti gli ami perduti. Questa però è solo un'anticipazione, vedremo più avanti la leggenda completa.

I due amanti si sposarono ed ebbero un figlio. Fu durante il parto che Otohime si trasformò per la prima volta in drago.

La leggenda ci riporta che l'imperatore Jimmu sia il nipote di Otohime e Hoori e questo rende Ryujn uno degli antenati dell'imperatore.

3.10 Ebisu

Ebisu, spesso anche narrato sotto il nome di Webisu, Hiruko o Kotoshiro- nushi- no- kami, è il dio protettore dei pescatori, dei mercanti, della fortuna, della buona sorte e della salute dei bambini e neonati. Proprio perché è il protettore della fortuna, prende parte al gruppo delle Sette Divinità della Fortuna, di cui parleremo al termine di questo paragrafo. All'interno dei Sette, lui è l'unico di origine giapponese.

Il nome Hiruko, quello più antico, significa in realtà bambino sanguisuga. Una delle leggende a suo riguardo narra che lui fu il primo dei figli della prima coppia Kami, Izanagi e Izanami. Abbiamo detto nel primo capitolo che il primogenito dei due fu così debole che venne abbandonato nel mare, infatti Hiruko, il primogenito divino, nacque secondo alcuni studiosi senza ossa, secondo altri invece senza gli arti. Ciò che causò comunque tutte queste mancanze fisiche al piccolo Kami fu un errore fatto dai genitori durante il matrimonio. I due, infatti, non espletarono completamente uno dei tanti rituali che erano chiamati a fare.

34

Poiché il piccolo non aveva la possibilità di reggersi in piedi, abbiamo detto che venne messo dai genitori su una barca di fiori e giunchi e abbandonato nel mare, dove dovette lottare a lungo per poter rimanere in vita. Il mare però lo portò fino alle coste di Ezo, una delle otto isole situata a nord del Giappone. Qui venne raccolto e allevato da Ebisu Saburo, un uomo della popolazione Ainu. Quando la piccola divinità raggiunse il terzo anno di vita, cominciarono a crescergli prima le gambe e poi tutto lo scheletro, diventando così la divinità Ebisu. Non riacquisì mai completamente l'udito, ma viene spesso descritto come uno spirito allegro e gioioso, pertanto viene chiamato anche il Dio Ridente.

Altre leggende narrano invece che Ebisu e Hiruko siano due numi differenti, ma associati a causa di un errore di lettura dei caratteri tra di loro molto simili. Ebisu, infatti, sarebbe il Kami di Ikki, Hiruko invece è il fratello minore della divinità del Sole Amaterasu.

Secondo un'altra leggenda, i due Kami sono spesso confusi tra loro presso Nishinomiya dove il Kami del locale santuario prende il nome di Ebisu ma anche di Hiruko contemporaneamente. Questo avviene perché un'altra leggenda narra che prima delle conquiste dell'imperatore Jimmu delle antiche civiltà giapponesi e dell'instaurazione dell'impero giapponese, l'arcipelago fosse abitato da alcune popolazioni di origine barbarica raccolte sotto il nome di Ebisu o Emisu, che significa appunto barbaro. L'imperatore per conquistare le terre del Giappone dovette iniziare dall'isola Kyushu, arrivando siano alla provincia di Settsu dove sottomise la popolazione Ebisu che cominciò a mescolarsi con quella degli invasori.

I nomi del Kami si sovrapposero nel momento in cui venne confuso il nome della popolazione Ebisu, con quello della divinità adorata, Hiruko no mikoto.

Veniamo quindi, come promesso, a parlare dei Sette Dei della Fortuna. Ormai sono un simbolo della mitologia giapponese e si riconoscono per l'iconografia che li caratterizza.
Le divinità hanno origini tra di loro diverse: Buddhismo, Taoismo, Shintoismo e Induismo.
Gli Dei che compongono il gruppo protettore della fortuna sono:

- Bishamonten, il Dio protettore dei guerrieri. La divinità è ritratta con indosso un'armatura da soldato;
- Daikoku, il Dio della prosperità tiene nella mano sinistra un grande sacchetto colmo di riso, nella destra invece un mantello a simbolo della protezione;
- Fukurokuju, il Dio della felicità e della ricchezza. Questa divinità prende le sembianze di un anziano uomo con la testa allungata. Si appoggia ad una canna sulla quale è legato un rotolo. Tiene in una mano un ventaglio;
- Ebsu, il Dio dei pescatori, tiene infatti sotto un braccio la lenza e con l'altro una grande carpa rossa;
- Hotei, il Dio della felicità e della gioia ha l'aspetto di un Buddha Felice. Tiene in mano un sacchetto colmo di tesori, con l'altra mano regge invece un ventaglio;
- Benzaiten, la Dea della musica, delle arti e della saggezza è rappresentata con uno degli strumenti musicali più conosciuti della tradizione giapponese, il biwa, ovvero il liuto;
- Juroujin, il Dio della vita e della longevità. Anche questa divinità prende le sembianze di un anziano uomo caratterizzato dal costante sorriso sulle labbra. L'uomo è

calvo, ha una lunga barba bianca e sta in compagni di un cervo. Si appoggia infine ad un bastone e anche lui regge un ventaglio.

Non solo le sette divinità sono raggruppate sotto il nome della fortuna, ma rappresentano ognuna una delle sette virtù (saggezza, forza, fortuna, gioia, longevità, ricchezza e felicità), per questo rappresentano i buoni auspici e sono simbolo del Capodanno Giapponese, come simbolo di rinascita e prosperità.

3.11 Daikokuten

Abbiamo già parlato di Daikokuten poco sopra, in quanto, con il nome di Daikoku, fa parte delle Sette Divinità della Fortuna. Sappiamo quindi che è il Kami simbolo della prosperità, ma non solo, è anche rappresentante dell'oscurità e dei cinque cereali.
Questa divinità proviene, diversamente da tante altre, dalla tradizione indiana e prendeva il nome di Shiva intrecciato con la divinità shintoista Okuninuschi.
Il Kami è molto noto agli occhi dei cittadini e appare spesso nelle loro case, poiché la sua stessa effige porta allegria: il volto è molto ampio e su di esso si stende un grande sorriso. Porta sulla testa un cappello morbido, piatto e nero. Indossa il tradizionale Uchide no kozuchi, ovvero un mantello d'oro noto come il mazzetto di fortuna. Spesso viene immortalato su balle di riso accerchiato dai ratti, che sono classicamente simbolo di abbondanza di cibo.

Questo Kami è molto noto in Giappone e nella tradizione mitologica in quanto associato alla prosperità e alla ricchezza, pertanto è spesso vittima del cosiddetto furto della fortuna, in giapponese fukunusubi. La leggenda narra che in Giappone la popolazione fosse convinta che il furto delle immagini degli Dei permettesse al ladro, non colto in flagranza di reato, di godere di buona fortuna. La tradizione si trasformò in un mercato di effigi divine: vennero aperte numerose piccole bancarelle presso il mercato di fine anno, il toshi no – ichi di Senso- ji, che vendevano illegalmente le piccole rappresentazioni. Tra le immagini più vendute presso queste bancarelle troviamo proprio quella di Daikokuten, protettore della felicità, della ricchezza, della famiglia e anche della cucina. Poiché simbolo di ricchezza, apparve anche sulla prima banconota giapponese.

3.12 Benzaiten

Andiamo ora a conoscere un'altra delle divinità facenti parte delle Sette Divinità della Fortuna, Benzaiten. Questa è in realtà l'unico Kami di sesso femminile inserito nel gruppo. La divinità trae però origini dalla tradizione induista e dalla dea Sarasvati che significa "colei che scorre", ovvero la divinità protettrice dei fiumi.

Le origini del Kami sono da ricercare nella cultura indiana come personificazione del fiume indiano Sarasvati e venne portata poi in Giappone dal popolo cinese.

Benzaiten viene anche chiamata Beneten e resta anche nella cultura giapponese la divinità legata sia ai fiumi, ma anche a tutto ciò che scorre, quindi anche il tempo, la musica, le parole e la conoscenza.

Con il passare del tempo, la divinità ha poi assunto anche altre connotazioni, viene infatti ad oggi ricordata come la dea dell'eloquenza, della bellezza, degli astri e della musica.

Abbiamo già detto che iconograficamente viene rappresentata intenta a suonare un liuto giapponese, il biwa con due modalità: completamente nuda, oppure seduta vicino ad un fiume ai piedi di una catena montuosa e vestita di abiti eleganti.

Possiamo trovare la divinità anche sotto altri aspetti, uno dei quali la vede rappresentata come una divinità non umana con otto braccia. Queste immagini risalgono però alla fine dell'XI-XII secolo, quando il Kami prendeva il nome di Happi ed era spesso accostata alla divinità serpente protettrice del cibo, Ugajin. Proprio per questa affinità, spesso in questo periodo nelle raffigurazioni la donna marziale portava un copricapo con raffigurato un serpente bianco dal volto anziano e umano.

Una leggenda narra che la divinità sia figlia di un re drago, dal quale fu costretta a convogliare a nozze con un altro drago noto per il suo appetito di bambini e infanti. La dea però, grazie alla sua bellezza e dolcezza, riuscì a far innamorare di lei il mostro, il quale smise di mangiare gli infanti.

3.13 Fukurokuju

Il Kami Fukurokuju prende parte al gruppo delle Sette Divinità della Fortuna come protettore della saggezza, della longevità e della felicità.

Fuku significa letteralmente fortuna, Roku invece prosperità e Ju longevità.

Una leggenda racconta che il Nume venne generato da Taizan Fukun, il dio del Monte T'ai, una sacra montagna situata in Cina.

Proveniente dalla cultura cinese del taoismo, la divinità prende le sembianze di un uomo dalla fronte alta priva di capigliatura, i baffi lunghi ed un bastone. Il cranio è caratterizzato da un'eccessiva ed innaturale lunghezza. La leggenda narra che questo allungamento del cranio sia dovuto ai numerosi anni di studio a cui si è dedicato il Kami.

A simboleggiare la longevità, c'è vicino a lui una testuggine, tartaruga di terra, mentre a conferma della sua saggezza, una gru.

Insieme a questi animali, l'uomo è spesso rappresentato con un ventaglio, tradizionale simbolo di potere e forza, ma anche mezzo per scacciare la sfortuna. In una mano tiene invece un libro, il makimono, ovvero un libro giapponese utilizzato per esercizi e attività di calligrafia e disegno delle dimensioni di un piccolo rotolo grande a sufficienza da poter essere tenuto in una sola mano. Viene letto da destra verso sinistra srotolandolo piano piano. Nelle sue mani il libro assume un ulteriore significato: diventa un secondo attestato della sua forza intellettuale e della sua saggezza.

Il popolo cinese, da cui il Kami proviene, vive alla ricerca dell'incarnazione delle sette virtù e Fukurokuju rappresenta l'incarnazione umana della felicità. Con questa parola si riassumono però molteplici concetti: serenità, ricchezza e vita eterna.

3.14 Jurōjin

Noto anche con il nome Gama, Jurojin è un altro dei Kami facenti parte del gruppo delle divinità protettrici della fortuna.

Raffigurato come un anziano signore con lunga barba bianca, possiamo immaginare già a colpo d'occhio la sua funzione, ovvero il protettore della longevità. Molto simile nell'iconografia a Fukurokuju, il suo cranio non è allungato, anzi, è coperto da un cappello e si appoggia ad un bastone per poter camminare. Anche lui è accompagnato da alcuni animali, tra i quali citiamo la tartaruga, i cervi e le gru, simboli, come già detto, della longevità. Un altro motivo di confusione con la divinità sta nel simbolo del ventaglio che anche lui tiene in mano.
La divinità giunse in Giappone mediante la cultura cinese taoista e le sue origini provengono dalla figura di Zhang Guolao, anche

chiamato Zhang Guo, un uomo vissuto realmente tra il 684 e il 705, durante il regno dell'imperatrice Wu, l'imperatore Xuanzong e Tang. La tradizione racconta che questo era un uomo particolarmente solitario solito vivere sulle cime delle montagne cinesi dove visse per più di cento anni grazie ad alcuni poteri e strategie mediche che riuscì da solo ad imparare.

Di seguito alla sua morte, Guo venne inserito nel gruppo degli Otto immortali taoisti e la tradizione si diffuse rapidamente in Giappone nel periodo Edo (1603-1868, periodo storico in cui la famiglia Tokugawa detenne il massimo potere politico e militare del paese) grazie ad un filone artistico e pittorico.

3.15 Bishamonten

Bishamonten è una divinità meglio conosciuta nella tradizione indù come Vaisravana, che letteralmente significa "colui che ode distintamente". Proviene in realtà da una divinità dal nome Kubera, ma in ogni comunità ha poi assunto ruoli, nomi e funzioni distinte. Nel buddhismo, infatti, viene celebrato come il guardiano del nord, ma anche il guardiano del cielo e nella tradizione tibetana assume il titolo di Re del Nord nonché divinità della ricchezza.

In Giappone abbiamo visto che gli venne attribuito il nome di Bishamonten o Bishamon ed è noto tra le Sette Divinità della Fortuna come il dio protettore della guerra e dei guerrieri. In quanto protettore di questi ultimi, si fa anche carico delle punizioni nei confronti dei malvagi.

A lui viene dedicato il tempio shinto di cui diventa poi il custode e abita sulla metà del pendio del Monte Sumeru.

Viene rappresentato come un guerriero fornito di armatura e lancia, i simboli della forza bellica. Con l'altra mano invece alza una piccola pagoda dorata che rappresenta il potere divino che gli è stato dato e che ha il compito di proteggere ma anche distribuire in modo coscienzioso.

La divinità non è solo chiamata ad agire in modalità punitiva e violenta, ma è nota anche come ascoltatrice e amante degli insegnamenti, infatti si dice che sia nascosto in tutti i luoghi di culto e protegge gli spazi in cui Buddha ha pregato.

3.16 Hotei

Veniamo a questo punto a conoscere l'ultima delle Sette Divinità della Fortuna, ovvero Hotei. La sua storia proviene dalla tradizione cinese e raggiunse solo più tardi "l'olimpo" giapponese.

Il Kami ottenne poi l'appellativo di protettore della felicità e conseguentemente di quella sezione di popolazione che gode maggiormente di questo stato d'animo: i bambini. Il nome letteralmente significa sacca o borsa di lino.

Secondo la tradizione Hotei sarebbe un uomo piccolo e grassottello, tanto che i vestiti non riescono nemmeno a coprirgli la pancia, caratterizzato dall'aria simpatica, porta in spalla la sacchetta da cui deriva il suo nome. In questa sacca, secondo alcune versioni della leggenda, si dice che tenga i regali da elargire ai bambini che spesso gli stanno vicini. Altre ipotesi dicono invece che il sacco è pieno di beni, vestiti o prodotti di prima necessità e uso quotidiano che il Kami dona alle persone più bisognose.

Porta anche, come tanti altri Kami, un ventaglio che tiene sotto la pancia, a conferma della sua discendenza divina e dei suoi poteri.

Hotei è giunto anche in occidente sotto il nome di Buddha sorridente poiché è proprio rappresentato con un'espressione di serenità e felicità costante.

3.17 Hachiman

Il Kami Hachiman è, secondo la tradizione shintoista, protettrice e responsabile della guerra e dei guerrieri samurai.

La leggenda narra che questa divinità ebbe un incontro con un imperatore, Ojin, con il quale si unì con una sincronia dei corpi, quindi il Kami è una sorta di unione tra un mortale e una divinità.

Ojin era figlio dell'imperatrice Jingu e dell'imperatore Chuai (III secolo d.C.) e venne al mondo quando la prima, dopo la morte del coniuge, fece ritorno da una campagna bellica invasiva della Corea. Il bambino venne subito allevato a seguire l'arte della guerra, preparato al fine di spendere gran parte della sua vita sul campo di battaglia.

Solo qualche secolo più avanti avvenne l'incontro con la divinità e da allora vennero edificati numerosissimi templi presso i quali si rifugiano per mezzo di pellegrinaggi gli atleti delle arti marziali e i guerrieri prima delle battaglie. Nei suddetti templi il Kami viene spesso rappresentato con una staffa di cavallo e un arco, i tipici segni della battaglia. Talvolta viene anche raffigurato accompagnato dal colombo, l'animale che svolge per lui il compito di messaggero.

Anche il nome della divinità è legato a questa fusione dei con Ojin: Hachiman significa divinità delle otto bandiere. Il nome deriva dal numero dei vessilli che vennero appesi durante la nascita dell'imperatore.

Non protegge i soli guerrieri, anche i contadini lo invocano spesso con lo scopo di ottenere la sua protezione e ricevere dei raccolti rigogliosi, lo stesso fanno i pescatori prima di uscire in mare coì da avere le reti colme di pesci. È in generale molto amato dalla popolazione giapponese che lo ritiene il protettore dell'intero paese.

3.18 Tenjin

La religione shintoista ci racconta di una divinità protettrice dello studio, dell'intelligenza, del sapere, della curiosità ma anche degli accademici e studenti che prende il nome di Tenjin. Ten significa infatti cielo e Jin divinità, pertanto inizialmente era la divinità del cielo e veniva confusa con Raijin, il dio del tuono (Capitolo 2), in quanto veniva percepito come la causa dei disastri naturali. Proprio a causa di questo sbaglio di comprensione, si credeva che il Kami fosse malvagio, per questo era temuto dalla popolazione. Fu invece un poeta vissuto nel periodo Edo di nome Michizane a cominciare a raccontare che Tenjin era in realtà fautore di borse di studio e responsabile dell'erudizione.

Ad oggi si è radicata solo la seconda versione relativa il Kami, infatti gli studenti universitari e tutti gli studiosi in generale lo ritengono a tal punto spesso responsabile dei loro successi scolastici, dell'ammissione ad esami o al superamento di essi che i loro genitori spendono tempo pregando la divinità e poi ne dedicano altrettanto per ringraziarlo degli eventuali successi dei figli.

3.19 Hiruko

Hiruko ha uno scopo sociale pressoché identico a quello di Amaterasu, ma è molto meno noto e diffuso tra la popolazione giapponese.

La sua storia, come molte altre, è contenuta nell'annale "Nihongi" e viene descritto come uno dei primi figli di Izanami e Izanagi che abbiamo visto non essere sull'atto di nascita particolarmente forti, potenti e possenti, pertanto anche lui venne abbandonato. La leggenda narra che Hiruko fosse stato abbandonato a causa del suo aspetto fisico deforme e simile, per alcuni, ad una medusa, per altri ad una sanguisuga. Per la tradizione persiste ad essere la divinità protettrice del sole.

3.20 Sarutahiko Okami

La mitologia giapponese ci racconta che questo Kami, sposato con Ama-no-Uzme (dea della felicità, Capitolo 3.2) sia uno spirito capo e protettore di tutti i terrestri. La divinità rappresenta la disciplina spirituale, la forza e tutti gli atti di purificazione. Il più importante è il misogi, un'antica pratica shintoista utilizzata per la pulizia dei corpi dai peccati, dalle malesorti e dalle contaminazioni. Viene anche definito il protettore dell'Aikido, una delle principali arti marziali giapponesi. A lui sono stati dedicati moltissimi santuari shintoisti che prendono il nome di Jinja.

3.21 Takemikazuchi

Takemikazuchi è la divinità giapponese a cui è attribuito il controllo e la generazione dei tuoni ma anche delle spade. Nelle immagini è infatti molto spesso disegnato intento in una lotta dal vincente epilogo con un grande pesce gatto.
La leggenda contenuta negli episodi del "Kamiumi" racconta che Izanagi, padre di moltissimi Kami, abbia preso una spada, Totsuka-no- Tsurugi, ed ebbe tagliato la testa a Kagutsuchi (Capitolo 3.1), la divinità del fuoco. Dal corpo di quest'ultimo cominciarono ad uscire degli schizzi di sangue che, depositandosi sulle rocce, portarono alla nascita di molte divinità tra le quali Takemikazuchi. Questa leggenda attribuisce pertanto la paternità di questo Nume a Kagutsuchi.

Capitolo 4

Spiriti Della Mitologia Giapponese

In questo quarto capitolo non parleremo più in modo prevalente dei Kami o delle divinità della mitologia giapponese, ma di tutti gli altri esseri, spiriti, uomini, donne, eroi e protagonisti che costellano le storie, i miti e le leggende più conosciute nel paese e nel mondo. Sicuramente torneremo a citare i Numi descritti nel precedente capitolo e forse ne introdurremo anche qualcuno di nuovo, perché sono loro che molto spesso intervengono nell'andamento della vita e dell'universo.

Gli spiriti di stampo culturale giapponese sono mediamente conosciuti in tutto il mondo, in quanto rientrano proprio nel folklore del paese. Molti conoscono infatti Kitsune, lo spirito della volpe, ma non esistono solo i più noti e in questo capitolo cercheremo di addentrarci al meglio in questo mondo poco tangibile, così incerto e misterioso.

Veniamo prima di tutto a descrivere cosa sono questi spiriti e quali sono. Esistono infatti gli Yokai, i Kami e gli Yurei.

I secondi li abbiamo ampiamente conosciuti e non è il caso di proseguire ulteriormente su di loro. Vediamo invece cosa sono gli Yurei. Il termine viene tradotto letteralmente come fantasmi, sono infatti creature invisibili ed evanescenti, come possono essere i fuochi fatui, che sono proprio delle sorte di fiammelle di colore azzurro o blu che appaiono generalmente in luoghi particolarmente tenebrosi come i cimiteri o le brughiere nei mesi estivi.

Il termine Yokai invece è tradotto con diverse parole, tra cui ricordiamo apparizione, spirito, demone o manifestazione sovrannaturale. Questi assumono generalmente forme simili agli umani, agli animali o a tutti gli esseri viventi. Talvolta, sotto il nome specifico di tsukumogami, prendono la forma di oggetti inanimati.

Gli Yokai non sono però considerati solo come spiriti dai poteri soprannaturali, ma anche esseri spaventosi ed entità malvage che non appartengono alla dimensione terrena. Non sempre sono cattivi o malvagi, talvolta portano invece pace, fortuna e amore. Secondo la tradizione nipponica le divinità buone possono prendere dimora in qualsiasi tipo di corpo, anche quello di uno Yokai, rendendolo così benevolo. Attenti però, gli Yokai dall'aspetto buffo non sono necessariamente divertenti o gentili, ma anche catastrofici e malvagi.

Fatta questa breve ma doverosa premessa, veniamo a prendere in esame i due gruppi in modo distinto.

4.1 Yokai

La parola Yokai deve divisa in due parti per essere poi tradotta nel modo corretto: Yo sta per maleficio, malocchio o fattucchiera, kai invece significa apparizione paurosa o inquietante. Il termine tutto insieme viene comunemente utilizzato per parlare dei demoni, degli spettri o delle apparizioni misteriose e tendenzialmente paurose.

Nonostante la modalità con cui sono stati tradotti dal giapponese all'italiano, gli Yokai non sono tutti malevoli. Certo, esiste un consistente gruppo malizioso, ma un altro è benevolo e si crede che sia portatore di benefici e fortuna.

Esattamente come per i Kami, anche gli Yokai sono di tantissime tipologie, forme e destinazioni, tanto benevole quanto malvagie e agiscono attraverso poteri soprannaturali considerati particolarmente pericolosi per gli uomini, in quanto hanno origini e fini per questi ultimi oscuri. La tradizione narra però che tra uomini e Yokai avvennero diversi contatti, anche di natura amorosa, tanto che moltissime coppie finirono per generare delle creature dal nome han'yo.

Non tutti gli Yokai entrano nel mondo umano, tanti addirittura cercano di vivere il più lontano possibile dagli uomini e abitano in luoghi selvaggi e disabitati; molti altri invece desiderano vivere tra gli uomini e si spostano nei luoghi più domestici attirati dal calore, sono infatti molto spesso associati al fuoco.

Gli spettri non hanno una forma fissa, ma hanno l'abilità di cambiare forma e dimensione a seconda delle loro necessità, anche se vengono generalmente rappresentati come esseri terrificanti.

Possiamo dividere gli Yokai in quattro grandi categorie a seconda delle forme che assumono: umani, oggetti, animali e altro. Vediamoli singolarmente.

4.1.1 Yokai umani

Gli Yokai di forma umanoide erano in origine esseri umani divenuti poi Yokai nel momento in cui è stata presa presa una loro caratteristica o stato d'animo emotivo di tipo grottesco ed esasperati. Facciamo un esempio: Futakuchi-onna è una Yokai umanoide rappresentata con due bocche di cui una che sta più arretrata rispetto all'altra e i capelli sono invece stati trasformati in tentacoli. Questa trasformazione le venne fatta da uno spirito per punirla della sua eccessiva attenzione nei confronti del proprio aspetto fisico, che le venne accentuato in modo terribile.

Anche Rokurokubi è uno Yakai appartenente a questo gruppo. Costui ha l'aspetto di una donna comune a cui però la notte accade una modificazione fisica terribile: il collo le si allunga terribilmente. Questa donna durante il giorno agisce come un comune essere vivente socialmente attivo, si trasforma in mostro soltanto durante la notte.

Questi demoni, consapevoli della propria forma fisica, hanno volontà di legarsi agli uomini, ma lo fanno solo con chi ha poca credibilità perché meno condizionati dalla loro forma fisica: ubriachi, menomati, ciechi, affetti da dipendenze e così via.

Non tutte le storie raccontano che sono consapevoli delle loro trasformazioni quando avvengono, In molte leggende si legge infatti che la mattina gli esseri ricordino le proprie mutazioni fisiche come una sorta di sogno notturno.

Non possiamo dire con certezza se sono spiriti benevoli o malevoli, perché le storie sono differenti e le leggende narrano entrambi i loro caratteri.

4.1.2 Yokai oggetto

Gli Yokai con la forma di oggetti hanno anche il nome di tsukumogami. Divennero particolarmente famosi sul finire del X secolo provenendo dalla tradizione buddhista shingon. Ad oggi vengono considerati oggetti Yokai tutti gli oggetti di uso quotidiano che hanno raggiunto i cento anni di vita o età senza essersi rotti. Al raggiungimento del centesimo compleanno si dice che l'oggetto assuma una vitalità e una capacità consenziente.

Questi oggetti si riconoscono in verità perché, nonostante la longevità, hanno un aspetto del tutto perfetto e nuovo, non si vedono i segni dello scorrere del tempo.

Il nome tsukumogami deriva da un barattolo di tè che era stato utilizzato per negoziare la pace tra Oda Nobunaga, un militare giapponese e Matsunaga Hisahide, un daimyo (carica imperiale). Da questo scambio il barattolo si dice che abbia assunto le abilità umane consenzienti e abbia favorito la pace.

Vediamo alcuni esempi:

Gli Jatai sono delle stoffe con paraventi pieghevoli, ma hanno assunto delle abilità e un ruolo mistico quasi umano.
Il Boroboroton è invece uno tsukumogami di natura malvagia e molto pericoloso per gli uomini. Lo Yokai è in realtà un semplice futon durante il giorno, mentre invece di notte prende vita e cerca, sollevandosi da terra con lo scopo di strangolare l'essere umano steso e dormiente.
Ancora, Kasa-Obake è un ombrello che però si trasforma in un essere con una sola gamba, un solo occhio ed una lunghissima lingua. Indossa uno zoccolo di legno ed il kimono. Molti hanno ipotizzato che questo Yokai sia del tutto inventato e che appaia solamente nelle storie fantastiche o nei dipinti e che quindi non appartenga alla reale tradizione giappoese.

4.1.3 Yokai animali

La tradizione giapponese crede che molti animali abbiano nascosti dei poteri magici e soprannaturali. Vengono chiamati anche henge e talvolta hanno anche un aspetto semi umano, con dettagli animaleschi ed altri antropomorfi. Si racconta che questi Yokai siano caratterizzati da un atteggiamento tendenzioso e molto spesso fanno brutti scherzi agli uomini.
Come per gli Yokai oggetto, che si trasformano in demoni all'età di cent'anni, anche gli animali assumono questa nuova funzione quando diventano anziani e talvolta cambiano immagine discostandosi sostanziosamente da quello che erano in principio.

Gli Yokai animali più diffusi sono il Kitsune, ovvero la volpe, un animale simbolo della mitologia giapponese. Si narra infatti che questo sia un animale dotato di una spiccata intelligenza e che possa vivere molto a lungo. A volte appaiono anche con le sembianze di bellissime donne con lo scopo di ingannare le persone che incontrano. Spesso questo animale viene associato alla divinità Kami Inari (Capitolo 3.7) con il ruolo di suo messaggero.

Un altro Yokari animale è Akugyo, ovvero il pesce gigante giapponese. Questo animale ha un aspetto mostruoso a causa della sua dimensione che permette lui di affondare addirittura intere imbarcazioni con lo scopo di uccidere e nutrirsi dei marinai. Alcuni sono di colore dorato o argentato, altri invece sono soliti sputare fuoco.

L'ultimo Yokai che vediamo è Tsuchigumo, ovvero il ragno di terra. Questo spettro proviene dalla mitologia giapponese che ne racconta delle qualità intellettuali importanti a fronte di una dimensione altrettanto imponente. L'essere proviene da una antichissima popolazione giapponese che viveva in una zona montuosa ancora con modalità cavernicole. Gli arti di queste persone erano descritti come molto, eccessivamente lunghi ed un carattere molto violento, pertanto vengono associati a questo ragno di terra.

4.1.4 Altri Yokai

Esistono altri Yokai che però non sono iscrivibili in nessuna delle tre precedenti categorie. Possiamo citare la Bake-yujira, che con l'aspetto dello scheletro di una balena vaga nel mare in cui nuotava quando era in vita per poi apparire durante le notti di pioggia nei villaggi dei pescatori.

Un altro è Gashadokuro, tradotto come lo scheletro affamato della dimensione di oltre 15 metri. Costui nacque attraverso l'unione delle ossa di più persone morte di inedia. Anche questo Yokai appare di notte in luoghi abbandonati, poco abitati e bui, come i sentieri, con lo scopo di rapire i viaggiatori, staccare loro la testa e berne il sangue. Si dice che Gashadokuro può essere sentito solamente dalle vittime che sta per fagocitare.

L'ultimo invece è Amikiri, ovvero un demone il cui scopo è quello di bucare e forare le zanzariere.

4.2 Yurei

Il nome Yurei, come tanti termini giapponesi, è un nome composto da due parti: Yu, che significa evanescente o oscura e rei, che significa spirito o anima. Alle volte questi fantasmi, come li abbiamo tradotti ad inizio capitolo, assumono il nome di Borei, spiriti dei morti in gloria, ma anche Shiryo, ovvero spiriti dei morti in generale. In poche parole, gli Yurei sono gli spiriti e le anime dei defunti che non sono stati in grado di lasciare la terra e i viventi per volare nell'aldilà. La tradizione giapponese, infatti, crede che in tutti i corpi umani ci sua un Reikon, ovvero un'anima che all'atto della morte fisica lascia il corpo e, dopo diversi riti funebri, abbandona l'umanità e torna dai propri antenati nel mondo dell'aldilà con lo scopo di proteggere i viventi della propria famiglia o discendenza. Se i riti non vengono svolti o compiuti nel modo corretto, se la morte arriva in modo improvviso o se emozioni forti non vengono risolte prima della morte fisica, e il Reikon non può trasformarsi in Yurei e le anime restano a vagare sulla terra andando così ad impossessarsi di un oggetto, animale o persona. Lo spirito può essere cacciato, ma devono essere svolti tutti i riti funebri in modo corretto e completo, oppure devono essere risolte le controversie emotive.

Questi rituali hanno la forma di un vero e proprio rito esorcista. Il primo passo per riportare gli spiriti nel proprio mondo è quello di capire la ragione per cui ancora non se ne sono andati e cercare di risolverla. Per farlo però è necessario ritrovare i resti del corpo sepolti.

Non sempre i desideri degli spiriti sono benevoli, talvolta possono anche chiedere una vendetta, un assassinio o simili.

L'iter varia al variare della religione che se ne assume il compito. Il buddhismo, infatti chiede ai monachi di celebrare dei riti volti all'aiuto della reincarnazione dell'anima. Nello shintoismo si deve recitare un norito, ovvero una preghiera, e utilizzare un foglio con impresso il nome di un Kami che prenderà il potere dello spirito, levandolo così dalla terra. Tale strumento si chiama ofuda.

L'originale tradizione giapponese ci racconta che gli Yurei avevano forme umane, poi però le leggende hanno subito delle variazioni durante il periodo Edo (1800 circa), quando nacquero le storie del terrore. Durante questi giochi i partecipanti dovevano raccontare delle storie tenendo in mano delle lucine che andavano spente al termine del racconto. La leggenda narra che allo spegnimento dell'ultima luce appare un Yurei. Essendo stati inseriti nelle storie di paura, gli spiriti divennero anche i protagonisti di storie letterarie, dipinti e opere teatrali, pertanto venne loro attribuito un aspetto fisico specifico utile al pubblico per riconoscerli al meglio.

Prima di vedere alcuni esempi utili per conoscere al meglio questi spettri, vediamo cosa li caratterizza come gruppo: gli Yurei sono spesso accompagnati da due fuochi fatui di colori blu, viola o verde considerati appendice esterna degli spiriti. Sono tendenzialmente coperti da una veste bianca, molto simile al tradizionale lenzuolo bianco dei fantasmi però molto più simile al kimono funerario. Sulla testa portano invece un fazzoletto o una bandana di colore bianco e di forma triangolare, indossato con la punta rivolta verso l'alto. I capelli sottostanti sono di colore nero e sono generalmente molto lunghi, perché la tradizione vuole che questi continuino a crescere anche dopo la morte fisica. Le mani sono invece prive di vita, penzolano al termine delle braccia che stanno ripiegate in avanti. Gli spiriti non possiedono invece gli arti inferiori, pertanto fluttuano proprio come dei fantasmi.

Andiamo ora a vedere alcune tipologie di Yurei più specifiche.

4.2.1 Ubume

Il termine Ubume identifica un intero gruppo di spiriti di donne morte durante le proprie gravidanze. Sono tendenzialmente rappresentate come delle semplicissime donne che tengono tra le braccia un bambino neonato nel tentativo di consegnarlo agli spettatori che le stanno guardando per poi scomparire. Quando incrociano un mortale e lo sguardo di quest'ultimo ricade sul neonato, l'infante subito si trasforma in un sasso o in un mucchio di foglie, per simboleggiare la mancata nascita.

Tante sono in realtà le varianti sulle tradizioni, infatti molte raccontano che queste donne si impossessino dei corpi di alcuni uccelli che nelle notti vanno a rapire i figli altrui, attribuendo così a questo Yurei un aspetto malefico e sanguigno.

Altre invece dicono che quando lo spirito compare nella notte accanto ad un infante figlio di un qualunque mortale, il neonato si trasformi all'alba in un masso.

Altra ancora descrivono le donne madri come attorniate da una luce di colore blu.

L'ultima leggenda invece racconta che le Ubume appaiano spesso sul cammino dei viandanti per consegnare loro il proprio piccolo. Quando però il vivente lo accoglie tra le braccia, viene morso sul collo dal neonato. Per i viventi c'è solo un modo per sopravvivere: cercare di evitare lo spirito gettando come esca un pezzo del proprio abito e poi scappare. Se invece il bambino è già stato posato nelle mani dell'umano, questo deve voltare la testa così da evitare il morso.

4.2.2 Goryo

Gli aristocratici morti per omicidio sono rappresentati dai vendicativi Goryo, il cui nome è composto da Go, che significa onorevole e Ryo, ovvero spirito o anima.

La leggenda narra che nel periodo storico Heian (epoca compresa tra l'VIII e il XII secolo) questo spirito fosse molto temuto a causa della sua grandissima furia, in quanto i Goryo hanno come obiettivo quello di vendicare la morte corporale ricevuta ingiustamente e sfogano le proprie ire e necessità attraverso cataclismi naturali, bufere e fenomeni che si scatenano nei pressi dei nemici incontrati durante la loro vita. Questo genere di vendetta era temuta proprio perché non si scatenava sui singoli soggetti che avevano influito negativamente sulla vita dello Yurei, ma anche su persone innocenti.

L'unica persona in grado di intervenire per placare questi malefici spiriti è il Yamabuschi, un monaco ascetico errante e abitante della montagna, che per tradizione è dotato di poteri quasi soprannaturali che lo rendono un guerriero senza pari.

4.2.3 Onryo

È uno Yurei che resta nel mondo umano alla ricerca di vendetta motivata da cause amorose come tradimenti di mariti o compagni. Il nome è generalmente di sesso maschile, ma si crede che sia un gruppo di donne, pertanto viene rappresentato nelle opere teatrali da attrici femminili. Questo uno degli spiriti che resta a vagare per la terra motivato da ragioni emotive che sono tanto l'amore quanto l'odio e con l'obiettivo di scatenare la propria ira e maledizioni su chi le ha tormentate in vita. La loro rabbia però non viene scatenata in modo razionale e finiscono per colpire con le loro azioni chiunque si trovi sulla loro strada di azione.

Le Onryo sono dei fantasmi apparsi anche loro nel periodo dell'Edo e come altri spiriti, vestono con il classico Kimono funebre bianco, hanno i capelli lunghi e neri che cadono in modo molto arruffato sulle spalle e davanti al viso decisamente pallido ma colorato con aiguma, ovvero trucchi di color indaco. Lo spettro viene ad oggi molto utilizzato nella cultura cinematografica horror occidentale.

Una tra questi è Oiwa, la quale vene tradita dal marito e dopo la morte tornò per vendicarsi. La sua rabbia però colpì molte persone mentre il suo traditore rimase illeso da un punto di vista puramente fisico, mentre è continuamente tormentato da un punto di vista psicologico dallo spettro della defunta.

4.2.4 Preta

Preta, termine proveniente dal buddhismo, significa spirito affamato e identifica tutti gli spiriti che si sono reincarnati in esseri vissuti in condizioni inferiori rispetto agli umani e agli animali a causa del loro temperamento emotivo avaro e geloso. Spesso queste anime si sentono costantemente tormentate.

Vengono rappresentati come degli esseri umani dalla pancia gonfia e il ventre grande, per simboleggiare la loro golosità, brama e ingordigia, mentre hanno invece una bocca e un collo molto piccoli che simboleggiano il desiderio che non è in realtà mai appagato. Gli spiriti sono puniti perpetuamente con l'impossibilità di mangiare, in quanto in alcune leggende si narra che, avvicinandosi al cibo, quest'ultimo prenda fuoco o diventi un ammasso di feci.

Questo gruppo di Yurei è caratterizzato da una peculiarità importante: non possono essere per natura scacciati perché la gola e la brama sono impossibili da appagare. A loro è dedicata una festività annuale nei paesi buddhisti, l'Ullambana.

La tradizione buddhista ci racconta che esiste addirittura un mondo da loro abitato, il Mondo dei Preta, nato dalla tradizionale ripartizione sestuplice dei mondi dell'esistenza. La tradizione narra che la Ruota dell'esistenza sia divisa in sei spicchi con altrettanti mondi. Alcuni interpretano la ripartizione come una divisione fisica, altri come qualcosa di puramente psicologico e mentale.

4.2.5 Ikiryo

Vediamo ancora un ultimo gruppo di Yurei che sono molto particolari. Ciò che abbiamo visto accomunare quelli precedenti è la loro comparsa alla morte del corpo fisico per appagare un desiderio o portare a termine un rituale. Gli Ikiryo sono chiamati invece fantasmi viventi, perché si crede che appaiano quando l'essere è ancora in vita. Questo spirito lascia il corpo e si sposta per andare a perseguitare altri esseri viventi anche lontanissimi. Gli Ikiryo si dice che lascino il corpo quando un essere umano prova un rancore così grande che la propria anima è costretta ad abbandonarlo per lanciare le maledizioni a chi ha causato questo malessere. Per agire si spostano all'interno di un altro corpo, oggetto o animale che diventano dei mezzi del tutto ignari e inconsapevoli della loro vendetta.

Esiste però un'eccezione: si racconta che esistono Ikiryo privi di rancore e che abbandonano il corpo prima della morte per manifestarsi alle persone a loro più care.

4.3 Altri spiriti e mostri della mitologia giapponese

Abbiamo visto sino ad ora tanti spiriti di genere vario, i Kami, gli Yurei e gli Yokai.
In questo paragrafo voglio proporre anche la storia di altri spiriti che sono meno noti al pubblico perché non hanno generato folklore. Vedremo che sono comunque molto curiosi e affascinanti. In questo paragrafo ci saranno quindi tutte le tipologie di spirito o anime della mitologia giapponese, raccolte insieme perché accomunate dalla poca notorietà.
Osserveremo anche i mostri più spaventosi ai quali abbiamo solo accennato nei precedenti paragrafi e ne scopriremo, quando presenti, le origini, le gesta, le rappresentazioni e le leggende.
Ne vediamo qualcuno.

4.3.1 Gotaimen

Gotaimen è uno Yokai che prende la forma di una grande testa umana leggermente deforme dalla quale escono gli arti: quelli superiori dai lati della fronte e quelli anteriori dalle guance ripiegandosi come le zampe di una rana. Questo spirito ha proprio la forma di un fenomeno da baraccone, di un buffone e si dice che compaia nelle case quando i padroni hanno ospiti con lo scopo di intrattenere le persone attraverso espressioni facciali divertenti e buffe. Il Gotaimen si sente appagato nel momento in cui il pubblico è divertito, diversamente si infuria agendo sull'ambiente distruggendolo sino all'esaurimento delle forze. Si racconta che la parte di popolazione più nobile, i guerrieri e le persone più fiere, cercassero di trattenere le risate proprio al fine di farlo infuriare. Le persone comuni invece si lasciavano intrattenere dallo Yokai.

4.3.2 Ki no kami

Nel Kojiki si parla di un albero della genealogia divina dalla quale sarebbe nato anche il primo imperatore giapponese. Ki no kami è una divinità Kami generata dai divini Izanami e Izanagi. A seconda della tipologia di albero, il Kami assume nomi differenti e diventa una sorta di ponte o mezzo per le divinità dal cielo alla terra.

4.3.3 Cho no yurei

Cho no yurei è uno Yokai animale; cho infatti significa farfalla. Si crede che questo Yokai sia la reincarnazione delle anime delle persone defunte. Lo spirito nasce da una leggenda che narra la morte di un uomo durante la simulazione di una battaglia di un'antica cerimonia risalente al periodo feudale. Morendo, l'uomo cadde in una palude e toccando l'acqua il suo corpo si trasformò in una farfalla in grado di volare soltanto durante la notte.
A Kanagawa allora si pensa che quando una farfalla entra in casa sia la rappresentazione di un'anima di un defunto che ha deciso di tornare in quel luogo frequentato durante la vita e legato a lui per mezzo di forti sentimenti o emozioni che ancora lo trattengono nel mondo dei mortali.

4.3.4 Seidamyojin

Lo Yokai Seidamyojin è uno spirito che si riversa nel corpo di una scimmia. Lo spirito apparve per la prima volta, secondo una leggenda di origine cinese, davanti ad un campione di kemari durante il suo millesimo giorno di allenamento. Il kemari è un gioco molto famoso in Giappone che presuppone l'uso della palla. L'allenamento ebbe un successo inedito e questo fece capire al campione che dietro la scimmia si celava Seidamyojin. Da quel giorno le partite di kemari vengono svolte durante il giorno della scimmia alle 16.00, secondo il calendario cinese è l'ora della scimmia.

4.3.5 Tamase

Abbiamo in realtà già parlato di questo spirito in questo capitolo, perché si dice che costui sia un fuoco fatuo che sappiamo è solito accompagnare gli Yurei.

Tamse può essere trovato e scritto anche sotto il nome di Hitodama e rappresenta l'anima di un defunto. Questo si crede che appaia nelle case delle persone con cui aveva stretto un forte legame fisico o emotivo in vita ed urti con violenza i mobili e le porte di queste case generando così un grandissimo rumore.

Viene generalmente rappresentato come una sfera gialla illuminata e svolazzante dalla scia blu e viola. La velocità del volo varia al variare dell'età in cui è morto l'essere umano.

4.3.6 Kappa

I Kappa sono dei mostri il cui nome significa "bambini dei fiumi", infatti abitano proprio nei corsi d'acqua, nei pozzi o in qualunque posto caratterizzato dalla presenza, per l'appunto, dall'acqua. Il legame con i bambini è dettato dal fatto che la loro dimensione è molto simile a quella di questi ultimi, ma la loro forza è pari o superiore a quella degli adulti.

Nei testi di mitologia giapponese possono essere scritti anche con il nome Kawataro o Kawako.

Molto goffi a camminare sulla terra, sono invece degli abilissimi nuotatori e cacciatori subacquei.

L'aspetto è molto strano, perché sta a metà tra quello dell'essere umano e quello di un pesce. Nonostante abbiano un aspetto semi umano, il corpo è ricoperto di squame e la bocca è simile a quella di una tartaruga, dalla quale ha ereditato anche il guscio che porta sulla schiena. Quest'ultimo deve essere mantenuto umido per assicurare la sopravvivenza al mostro.

Il Kappa è in realtà piuttosto noto nella tradizione e nel folklore giapponese, al punto che su di lui sono state scritte moltissime leggende che narrano due demoni differenti: uno pacifico, benevolo e buono, l'altro malevolo e cattivo.

4.3.7 Oni

L'Oni è uno dei demoni più rappresentativi della cultura mitologica giapponese a causa del suo aspetto spaventoso. Questo demone nasce tendenzialmente nei luoghi dominati dalla rabbia, tra i quali i campi di battaglia o spazi in cui la violenza ha causato molte vittime.

Sono fisicamente molto simili agli orchi con corpo umanoide ed il viso somigliante a quello di un animale. Spesso è provvisto di due grandi corna da alce, oppure da drago o da cervo. Sono le corna in realtà a dare all'Oni il vero potere che varia al variare della loro dimensione. Il corpo è generalmente coperto di pelli di tigre che aumentano drasticamente la paura nei confronti del demone.

Gli Oni hanno un temperamento decisamente malvagio e assolutamente mai benevolo, infatti sono soliti fare stragi di vite umane a mani nude o con armi dall'aspetto e dall'effetto orribile.

4.3.8 Hannya

Una versione femminile di Oni è Hannya, ovvero il demone che rappresenta tutte le donne che sono state consumate dalla gelosia, sentimento che le ha trasformate in mostri ancora prima di lasciare il regno dei viventi.

Le Hannya indossano tipicamente delle maschere, note proprio come maschere Hannya che divennero parte integrante dei costumi della tradizione teatrale nipponica. Le vediamo spesso nelle rappresentazioni del Teatro Noh giapponese.

Abbiamo detto che gli Oni erano molto malvagi e malevoli, la loro versione femminile era invece descritta come una creatura caratterizzata dalla possibilità di redimersi al fine di riprendere la propria vita e rientrare nel corpo ancora presente sulla terra. Questo ritorno avviene mediamente attraverso rituali religiosi di origine buddista.

Come la controparte maschile, anche questi demoni sono dotati di corna, ma sono più sottili. Se prima abbiamo detto che la dimensione delle corna è il mezzo della forza demoniaca, quella di questi mostri è pertanto più lieve. Ciononostante, sono pericolosissime in quanto dotate di poteri da incantatrici. Anche sotto la maschera hanno un aspetto decisamente spaventoso, in quanto la bocca è pari a quella di un serpente dai denti aguzzi e hanno la capacità di sputare fuoco. Indossano sul corpo un tradizionale kimono lungo e bianco.

4.4.9 Yamauba

Vedremo in questo paragrafo e nel prossimo due mostri abitanti delle montagne.

Il primo si chiama Yamauba e non è altro che una sorta di strega malvagia che vive in rifugi o capanne di piccole dimensioni impervi e nascosti nelle montagne. In questi rifugi offrono spesso alloggio e aiuto ai viaggiatori. Durante la notte però le streghe Yamauba utilizzano la magia nera per immobilizzare gli ospiti e in un sol boccone finiscono per divorarli.

Appaiono come delle semplici vecchiette innocue, esattamente come si travestono le streghe malvage delle favole, ma nascondono un vero aspetto demoniaco composta da zanne e corna aguzze

Ad oggi i genitori dei bambini giapponesi sono soliti raccontare ai figli durante le gite in montagna le leggende riguardanti le Yamauba al fine di non farli allontanare da loro.

4.4.10 Tengu

Eccoci quindi arrivati alla seconda tipologia di mostri abitanti delle montagne, i Tengu. Questo gruppo di demoni è molto simile nell'aspetto ai monaci buddisti che vivono in modo isolato sulle vette dei massicci. Anche loro vivono nella meditazione alla ricerca dell'auto - perfezione e questo li rende in realtà dei mostri di natura benevola, anche perché vivono lontani dagli uomini.

Anche il loro aspetto è simile a quello umano e si vestono proprio come i monaci asceti. Ciò che li distingue da questi ultimi è il loro viso, anch'esso fonte di ispirazione di moltissime maschere teatrali: interamente colorato di rosso vivo e con un naso molto lungo e sottile. La lunghezza del naso, come per altri le corna, incide sulla quantità di potere. Inoltre, sulla schiena portano delle ali molto grandi e colme di piume, come delle aquile.

Sono descritti nelle leggende come degli esseri molto tranquilli, calmi e saggi se non provocati, altrimenti possono scatenare e sfogare le proprie ire con catastrofi naturali quali terremoti, maremoti e incendi.

4.4.11 Kirin

Il Kirin è uno Yokai animalesco che si dice essersi trasformato in un cavallo dal volto di un drago. Il suo alito e gran parte del suo corpo, vista l'origine del mostro, è infuocato. Anche lui nell'iconografia classica giapponese porta uno o due corna, a seconda della tradizione. Quando viene dipinto con un solo corno, vuole richiamare l'essere fantastico occidentale dell'unicorno.

Si dice che il Kirin possa arrivare a vivere fino a 2000 anni senza però farsi vedere dagli uomini, fatta eccezione di un momento: la nascita di un potente e grande imperatore giapponese.

4.4.12 Baku

I Baku sono esseri di tipo animale originari della Cina. Questo mostro ha un aspetto decisamente particolare, perché il corpo è il risultato dell'unione di diversi animali: il busto è quello di un orso, la testa di un elefante, gli occhi di un rinoceronte, le zampe di una tigre e la coda di un bue.

I Baku sono noti nella tradizione in quanto si dice che si cibino dei sogni notturni degli esseri umani e questo, a seconda del sogno stesso, può renderli benevoli o malevoli. In alcuni casi capita che i Baku intervengano durane gli incubi per cessarli, altre volte invece entrano nei sogni in modo sgradevole divorando i desideri o le ambizioni delle persone dormienti.

4.4.13 Kodama

I Kodama sono gli spiriti che abitano gli alberi e le più antiche e fitte foreste: i Kodama.

Troviamo i Kodama rappresentati come dei piccoli esseri verdi simili a degli arbusti ma con fattezze pressoché umanoidi. Poiché sono i protettori delle foreste, abitano tra gli alberi e giocano tra di loro a tendere piccoli scherzi agli uomini facendo rumori, voci o strani eco che portano i viaggiatori a spaventarsi, confondersi ed infine perdersi.

Questi piccoli mostri sono in realtà venerati come se fossero degli Dei, in quanto una leggenda racconta che gli spiriti abitano all'interno degli alberi e quando questi ultimi vengono potati, generano rabbia nei mostri che finiscono per vendicarsi attraverso terribili catastrofi naturali. Inoltre, si crede che il suono della caduta dell'albero tagliato sia l'urlo o il pianto finale di un Kodama ferito e quindi ucciso.

4.4.14 Nagasaki no suiko

Siamo quindi giunti all'ultimo mostro di questa lunghissima serie, ma ricordiamoci che questo non esaurisce completamente tutte le tipologie di demoni, perché sono davvero moltissimi.

Questa creatura spaventosa prende il nome dalla città di Nagasaki perché è in realtà una tigre marina che comparve per la prima volta proprio nel porto della suddetta città durante la notte, finendo così per spaventare una domestica che si trovava sulla spiaggia. Questa, terrorizzata, agì tagliando al mostro una rampa così da farlo gemere e urlare al punto di svegliare l'intera popolazione della città.

La domestica tornò quindi a casa del padrone al quale diede la zampa tagliata, quest'ultimo, sentiti i lamenti della bestia, decise di rendergliela a patto che non spaventasse più alcuna persona. Si racconta che Nagasaki no suiko si aggiri nelle acque giapponesi e cinesi con una dimensione pari a quella di un bambino di tre anni.

Capitolo 5

Eroi Giapponesi

Gli eroi che costellano la mitologia giapponese non sono stati catturati solo nei testi epici o nella letteratura nipponica, ma sono volati in tutto il mondo facendo echeggiare in ogni angolo il loro famosissimo nome di Samurai.

All'inizio erano dei semplici guerrieri, come quelli che si trovano in tutte le favole e storie, ma le caratteristiche mitologiche e la potenza realmente espressa sul campo di battaglia li hanno resi noti a tutti, facendoli diventare degli eroi in tutto il mondo. Di loro si tende però a conoscere di più l'aspetto epico rispetto a quello realistico.

Con la parola samurai si intende comunque classificare tutti i guerrieri vissuti durante il periodo feudale giapponese. Potremmo paragonarli ai cavalieri medievali europei, ma questi ultimi non ebbero pari evoluzione ed epilogo di vita. La loro scomparsa, avvenuta nel XIX secolo circa, coincise con l'inizio dello Shogunato Tokugawa, ultimo governo feudale. In questo periodo l'impero fu colpito da numerosissimi conflitti che portarono ad un rinnovamento con la Restaurazione Meiji e il dominio Shogun che portarono ad una restaurazione dell'esercito che divenne di stampo europeo.

Dopo questo drastico cambiamento, i samurai assunsero il ruolo di protagonisti di storie leggendarie, drammatizzazione teatrali, serie tv, manga, fumetti o anime per tutti i gusti e pubblici.

I samurai erano soliti lottare e fare guerra con l'ausilio di una grande varietà di armi che li differenziava moltissimo dagli eserciti occidentali. Ciò che li rendeva così speciali e diversi era la credenza che non ci fossero armi disonorevoli, ma soltanto armi utili e inutili, efficaci e non efficaci. Le armi da fuoco non vennero quasi introdotte, anzi, vennero addirittura bandite dagli Shogun Tokugawa nel XVII secolo. Si credeva invece, a causa di influenze zen, che l'anima del samurai risiedesse nell'arma che portava sempre con sé, la katana, ovvero una spada simile ad una sciabola. I samurai si allenavano alla vita militare sin da piccoli e raggiunti i tredici anni ricevevano la loro prima spada, un wakizashi, accompagnata dall'assegnazione del loro nome da adulti che permetteva loro di diventare ciò che in occidente siamo soliti chiamare vassalli, in Giappone samurai. Samurai allora è il guerriero al servizio di un signore. Sappiamo che il vassallo occidentale deve obbedire, rispettare e giurare fedeltà al proprio signore e ciò avveniva anche in Giappone.

Ricevere il nome da adulto permetteva ai giovani guerrieri di avere il permesso di portare la katana insieme al wakizashi.

Nel 1523 venne anche vietato l'accesso alla classe guerriera a tutta la popolazione, potevano accedere solo i figli dei componenti dei vertici della classe sociale. Questo divieto venne aggiunto in quanto il trasporto di due spade da parte di tutte le classi della popolazione aveva troppe volte generato delle rivolte sanguinolente soprattutto negli strati sociali più bassi.

Fino al XVI secolo i samurai erano soliti portare anche un'altra arma di origine scintoista: l'arco. Quest'arma era decisamente potente, in quanto le dimensioni permettevano una grande precisione di tiro di oggetti con forme e utilizzo differenti, tra le quali le frecce infuocate oppure oggetti di segnalazione. Era possibile lanciare oggetti alla distanza di quasi duecento metri.

Per la difesa veniva portato davanti al corpo un largo scudo di legno che prendeva il nome di tedate ed era utilizzato soprattutto nei momenti in cui si scagliavano le frecce come protezione. Spesso marciavano e lottavano a piedi, ma potevano servirsi anche del cavallo. L'uso dell'arco a cavallo diventerà poi una tradizione shinto dal nome yabusame.
Altre armi spesso utilizzate per la difesa contro gli invasori mongoli o cinesi furono le balestre e le lance. Queste ultime prendono il nome di yari e divennero decisamente popolari andando a rimpiazzare il naginato, ovvero una sorta di spada costituita da una lunghissima lama. Questo cambiamento permise ai guerrieri di diventare così più organizzati sui campi di battaglia. Ancora, venne impiegata la katana nelle grandi cariche, la notissima e famosissima sciabola con la quale vengono spessissimo rappresentati i samurai.

La principale regola di vita del samurai era l'onore e il bushido, letteralmente tradotto come via del guerriero. Si racconta addirittura che per tutta l'epoca di vita dei samurai, il bushido sia sempre stato lo stesso e non sia mai mutato attenendosi sempre allo stesso codice d'onore. Quest'ultimo si basa sull'obbedienza cieca al proprio signore, sull'auto perfezione e sul rispetto della conoscenza. Infatti, il samurai doveva essere acculturato e doveva conoscere la filosofia.
Nella storia i precetti vennero comunque un minimo modificati soprattutto a causa delle differenti correnti spirituali che attraversarono il Giappone. Nell'anno 1000, per esempio, forte era l'influenza shintoista che spingeva i samurai ad essere guerrieri fedeli all'imperatore e abili nella guerra.

Ciò che contraddistingueva il samurai era il rispetto per il rito, l'ordine e il rigore nelle regole, per questo è bene, parlando di loro, citare anche il seppuku, un termine giapponese che spesso viene sostituito con harakiri in occidente. Con queste due parole si vuole intendere quel rituale di suicidio in uso tra i guerrieri samurai. I due vocaboli, seppur confusi tra loro, hanno in realtà due significati differenti: seppuku significa taglio nello stomaco, harakiri invece taglio del ventre ed era eseguito in modo molto codificato e controllato con lo scopo di espiare una colpa o un errore commesso dal samurai al fine di sfuggire ad una morte disonorevole di mano nemica. Il rito chiedeva di incidere il ventre in quanto questo, secondo la tradizione, rappresentava la sede dell'anima e quindi andando ad attaccarlo e ucciderlo si riusciva in qualche modo a ripulire l'anima e mostrarsi nell'aldilà privi di colpe.

Il samurai era chiamato a mettersi in ginocchio, posizione seiza, con le punte dei piedi rivolte verso il dietro e il taglio doveva essere svolto da sinistra verso destra per poi salire verso l'alto. Questa pratica voleva evitare una caduta del corpo indietro, perché il guerriero morto doveva cadere sempre in avanti per una ragione di onore. Proprio per un motivo di onorificenza, il guerriero era accompagnato da un fidato compagno, il kaishakunin, che era chiamato a decapitare il samurai non appena quest'ultimo non si fosse pugnalato lo stomaco con lo scopo di non sfigurare il volto dell'eroe. Questa azione doveva essere fatta da una mano esperta allo scopo di non infierire ulteriori danni fisici e dolori al morente. La decapitazione è l'azione che differenzia l'harakiri dal seppuku, perché nel primo non è prevista e questo rende il momento meno solenne perché mancante di parte importante.

Fatta questa introduzione un po' lunga ma comunque importante per capire le personalità di questi eroi e le motivazioni che li hanno spinti a compiere alcune azioni, possiamo addentrarci in alcune delle loro storie e conoscere le loro personalità e avventure più da vicino.

5.1 Minamoto no Yoshitsune

Cominciamo con questo personaggio storico, Minamoto no Yoshiture, perché è tra i più apprezzati ed amati dai giapponesi ancora oggi.

L'eroe visse tra il 1159 e il 1189 ed ebbe un'infanzia parecchio travagliata: il padre venne ucciso durante una ribellione tenutasi ad Heiji nel 1160. A causa delle ideologie paterne, l'intera famiglia venne condannata a morte, ma vennero risparmiati i bambini più piccoli. Minamoto al tempo aveva solo un anno e gli erano rimasti due dei suoi fratelli che però non poté avere vicini, perché vennero esiliati dal paese dai nemici paterni, il clan Taira.

La storia della sua seconda infanzia e giovinezza è andata perduta e ne viene tramandata solo una parte in una leggenda che racconta la sua discendenza dai Tengu, ovvero degli spiriti abitanti dei boschi per metà uomini e per metà corvi destinati a proteggere i guerrieri. Questa sarebbe quindi la spiegazione leggendaria della sua abilità nella lotta e nelle strategie militari.

Ritroviamo alcune informazioni a partire dal 1180, quando scoppiò la Guerra Genpei che durò per cinque anni. A combattere furono due clan, quello nemico della famiglia di Minamoto no Yoshitsune, Taira e quello Minamoto, guidato dal fratello maggiore Yoritomo. Yoshitsune fu chiamato quindi a guidare gli eserciti del clan mentre il fratello rimaneva presso la base a Kamukura. Fu in questi cinque anni che i due fratelli si rivelarono degli ottimi strateghi, così bravi da ottenere numerose vittorie, tra le quali quella decisiva nella battaglia di Awazu del 1184, ma anche l'attacco di sorpresa la fortezza di Ichi-no-Tani, quello presso la città di Yashima o lo scontro a Danno-Ura. Al termine delle battaglie, Yashitsune vinse la Guerra Genpei con il fratello maggiore, ma quando quest'ultimo assunse il titolo di governante militare, in giapponese shogun, attaccò il fratello minore per paura che la sua forza lo potesse mettere in ombra e lo stesso fece con tutti gli altri membri forti del clan.

Yoshitsune godeva di grande popolarità tra i fratelli del clan grazie alle grandi vittorie e successi ottenuti in battaglia, così venne attaccato dall'esercito personale di Yoritomo e fu costretto a rifugiarsi a nord del paese.

Nel 1189 dovette necessariamente suicidarsi in quanto si sentiva circondato dall'esercito nemico e non voleva in nessun modo essere catturato.

Al posto di questa tragica fine, nacque invece una leggenda che racconta che l'eroe non venne mai colto dall'esercito nemico, in quanto sarebbe scappato a nord del Giappone per poi prendere il mare e navigare verso l'Asia con il fine di cambiare nome e vita e diventare così il famosissimo Gengis Khan.

Ad oggi si ricorda l'eroe nei pressi della città di Kyoto, a mezz'ora circa di strada, dove si trova il monte Kurama, luogo in cui Yoshitsune trascorse diversi anni della sua gioventù addestrato dal maestro tengu Sojobo.

5.2 Taira no Masakado

Taira no Masakado viene ricordato in quanto considerato il primo samurai. In realtà questi guerrieri esistevano anche prima della sua nascita, ma lui fu l'unico a riuscire a creare un governo indipendente da quello degli imperatori.

Masakado nasce come signore della guerra della regione del Kanto, ovvero nella zona dell'attuale Tokyo. Questa area era molto appetibile perché considerata molto ricca e prospera ed era fonte di grande equilibrio economico nel paese, perché si trova a nord est e stava così spostando il centro del potere da Kyoto.

Nel creare però il suo governo autonomo, Masakado fu costretto a combattere numerosi conflitti con la corte imperiale e con diversi clan e membri della famiglia imperiale vicini all'imperatore, tra le quali i Taira.

Masakado raggiuse l'apice del suo potere quando cominciò ad agire come il vero e proprio sovrano del Kanto e decise di allearsi con un ribelle della zona. Insieme conquistarono il nord est e si proclamò autonomamente imperatore con il titolo di Shinno.

Già l'anno successivo però venne inviato un esercito dall'imperatore che riuscì a distruggere e sconfiggere le truppe, poi Masakado venne ucciso da una freccia.

Già prima di morire il samurai era una vera e propria leggenda, tanto che si raccontava che fosse alto più di due metri, che avesse solo un occhio, quello sinistro, con due pupille.

Si diceva inoltre che sua madre fosse un serpente che lo avesse reso inattaccabile e invincibile ma con un difetto in un punto vulnerabile. Anche su questo punto non si sa bene quale e dove sia: alcuni sostengono che si trovi sulla tempia destra, altri sulla fronte, dove effettivamente fu colpito con quella freccia vagante.

In ultimo, si dice che dopo la sua morte, la testa venne spaccata a metà e da questa l'imperatore poté rinascere. Il cranio giunse poi fino a Tokyo, nel quartiere di Otemachi e venne scoperto durante una battuta di pesca di un gruppo di pescatori.

Per ricordarlo, venne eretto un monumento con la forma della testa di Masakado.

5.3 Minamoto no Tametomo

Minamoto no Tametomo visse tra il 1139 e il 1170.

72

Abbiamo visto nell'introduzione del capitolo che spesso i samurai sono ricordati per la loro vicinanza con la spada katana, eppure questa era solo una delle armi che utilizzavano nella guerra, che spesso invece veniva iniziata con l'arco, continuata poi con la spada e terminata, da vicino, con il pugnale; avolte capitava anche che il combattimento venisse concluso attraverso la lotta a mani nude. Si dice addirittura che i primi samurai lavorassero solo nel ruolo di arcieri a cavallo ed erano chiamati a perseguire la kyuba no michi, ovvero la via del cavallo.

Questo eroe samurai viene ricordato proprio con il nome di grande arciere.

Non siamo certi della sua storia, perché è molto contaminata da leggende e storie fantastiche. Alcune, per esempio, raccontano che questo uomo aveva il braccio sinistro più lungo del destro di circa quaranta centimetri che gli conferiva uno straordinario uso dell'arco, poiché poteva essere allungato maggiormente. Questo difetto fisico gli diede la possibilità di portare ed utilizzare il cosiddetto arco da cinque uomini, mentre gli altri samurai utilizzavano il più comune tipo da tre uomini.

La sua storia divenne famosa insieme a quella della guerra civile di Hogen del 1156. Durante questa guerra avvenne l'episodio dell'assedio del palazzo di Shirakawa di cui Tametomo difendeva la porta ovest. L'assalto fu condotto nella notte e all'alba per tre giorni di fila. Il suo lavoro fu così attento e preciso che divenne famoso in tutto il paese, perché si raccontò che una sua freccia fu in grado di attraversare il corpo di un nemico e poi di conficcarsi nell'armatura di un altro guerriero.

Al termine della battaglia, grazie a lui, l'esercito contò solo due vittime e due feriti, mentre i nemici contarono duecento feriti e cinquantatré vittime. Questi ultimi furono allora costretti a dare fuoco al palazzo per poter in qualche modo raggirare il samurai imbattibile.

Durante l'incendio Tametomo si diede alla fuga riuscendosi a salvare. Fu però costretto a nascondersi per più di un mese, quando venne trovato e catturato, quindi esiliato nell'isola di Oshima. Luogo che in realtà si trova al largo di Tokyo ed è un'isola vulcanica, meta preferita dagli escursionisti nipponici.

Al termine della ribellione i Taira ripresero il controllo e non si dimenticarono di quel valoroso guerriero dal lungo braccio, così mandarono presso l'isola dell'esilio delle navi con lo scopo di ucciderlo. Tametomo fu però avvisato dell'imboscata e riuscì ancora una volta a prepararsi: con una sola freccia affondò una delle navi e riuscì a rifugiarsi nella casa dove si tolse l'armatura e praticò il seppuku, ovvero il suicidio volontario.

5.4 Miyamoto Musashi

Parliamo ora di un samurai ricordato come il più grande maestro della spada e fu proprio l'abilità con l'arma a renderlo così noto e famoso in occidente, dove divenne fonte di ispirazione per giochi, videogame, film e serie tv. Costui visse tra il 1584 e il 1645 e il padre divenne importante come istruttore di spada al servizio del clan Shinmen, che, durante la battaglia di Sekigahara, si schierò con la coalizione Toyotomi.

Anche Musashi cominciò a partecipare alle battaglie addirittura quando aveva solo sedici anni e, nonostante i mali sorti dell'esercito, riuscì a salvarsi e vagò per parecchio tempo senza un padrone, come un ronin, ovvero un apprendista.

Fu però la sua manualità con la spada a renderlo noto, perché a solo sedici anni venne proclamato vincitore di un torneo e si narra che nella sua vita fu in grado di vincere addirittura sessanta duelli, un record del tutto imbattuto tra i samurai nipponici.

Come il padre, verso i cinquant'anni, decise di dedicarsi all'istruzione e all'insegnamento della tecnica della spada e delle strategie militari. Divenne poi anche uno scrittore e cominciò a comporre un manuale sull'arte della spada.

Questo samurai spese il resto della sua vita dedicandosi alle arti per poi ritirarsi in isolamento in una grotta dove completò la sua ultima opera di scrittura: "Il libro dei cinque anelli".

5.5 Kusunoki Masashige

Ho pensato di raccontare le gesta di Kusunoki Masashige perché viene ricordato nella storia come il simbolo di uno dei principali ideali dei samurai: la fedeltà. L'eroe infatti venne inviato in una battaglia sapendo di non avere alcuna possibilità di vittoria, ma nonostante questo decise di guidare la carica e quindi morire da samurai proclamando così il suo desiderio di rinascere altre sette volte con al fine di continuare a servire il proprio paese.

Kusunoki visse tra il 1294 e il 1336. Nacque sotto il shogunato Kamakura, in un periodo particolarmente turbolento, quando il suo paese aveva appena vinto una guerra contro l'esercito mongolo. In seguito alla vittoria però i samurai non ebbero le ricompense che spettavano loro. L'imperatore Go-Daigo approfittò di questo malcontento per abbattere lo stesso shogunato e chiese l'aiuto di uno di questi samurai insoddisfatti, Kusonoki Masashige. Con lui riuscì a recuperare il proprio potere portando a termine nel 1333 il periodo Kamakura.

Questa restaurazione ebbe vita breve, perché già nel 1336 il generale Takauji guidò una rivolta sovversiva nei confronti dello shogunato. Kusonoki suggerì allora all'imperatore di fuggire sul monte Hiei dove si sarebbe potuto salvare grazie all'aiuto dei monaci guerrieri. L'imperatore Go-Daigo non volle però seguire il consiglio e ordinò al samurai di opporsi all'esercito nemico presso il fiume Minato. Il guerriero, fedele al suo credo e al suo imperatore, eseguì l'ordine e andò a lottare consapevole di una morte certa. L'uomo salutò il figlio di dieci anni e con le sue truppe lottò fino all'ultimo. Circondato dai nemici venne colpito e ferito ben undici volte, poi riuscì a fuggire e rifugiarsi presso la casa di alcuni contadini. Questi lo ringraziarono attraverso preghiere buddhiste per aver aiutato il paese e poi, con il fratello Masasue, si tolsero vicendevolmente la vita con un pugnale.

5.6 Sanada Yukimura

Se prima abbiamo raccontato la storia del samurai più fedele, ora invece andiamo a conoscer quello che viene considerato dalla mitologia giapponese il più coraggioso fra tutti i guerrieri nipponici.

Fonti narrano che Yukimura nacque nel 1567 presso il clan Sanada sotto il nome di Nobushige. Divenne noto nel clan perché prese parte a diversi conflitti militari che vedevano il suo gruppo spesso in opposizione con il clan Tokugawa.
Il suo clan di appartenenza si era stanziato nel castello di Ueda, presso l'attuale prefettura di Nagano. Avvenne però che nel 1600 il futuro shogun Tokugawa assalì il castello senza però riuscire nel colpo nonostante la sovrabbondanza dei suoi militari.
Sanada, nel 1614, venne nuovamente chiamato a difendere il clan da un secondo attacco dei Tokkugawa, ma quest'ultimo decise di rinunciare alla conquista e distruzione del castello e pensò di patteggiare. Le ostilità ripresero però l'anno seguente, quando il clan Tokugawa stava preparando un esercito ancor più forte e numeroso. Per fronteggiarlo venne allora inviato il valido samurai

Sanada Yukimura, il quale andò però incontro alla sua definitiva morte.

5.7 I tre unificatori: Oda Nobunaga, Yoyotomi Hideyoshi e Tokugawa Ieyasu

Questi tre samurai sono conosciuti in tutto il mondo perché si dice che abbiano unificato il Giappone trasformandolo nel modo in cui lo conosciamo noi oggi, mentre nei secoli precedenti era diviso e frammentato in molti piccoli stati in continua lotta fra loro. Durante questo periodo di lotte e guerre intestine era a capo del potere Sengoku jidai e furono proprio questi tre samurai a sconfiggerlo, deporlo e porre termine al periodo belligerante.

Veniamo quindi a conoscerli singolarmente, perché tutti e tre meritano un piccolo spazio in questo libro per le loro imprese.

Il primo è Odo Nobunaga, vissuto tra il 1534 e il 1582. La tradizione racconta di un uomo spietato, impaziente, famelico e ostinato che già a soli venticinque anni aveva raggiunto l'apice del potere nel suo clan in quanto aveva eliminato ogni concorrente in esso presente. Grazie a questa strategia, ma anche a molte vittorie e alla malevola sorte dell'oppositore Uesugi Kenshin, riuscì ad estendere il proprio potere e dominio anche su terre che si trovavano nel resto del paese.

Ciò che gli permise però di allargare la sfera di controllo in Giappone fu la sua abilità spiccata nell'arte militare: rivoluzionò l'esercito, promosse l'uso delle armi da fuoco e sistemò gli archibugieri su tre file per la prima volta, così potevano sparare a turno generando una raffica di colpi continua. Fu questo che lo aiutò a vincere la battaglia di Nagashino nel 1575.

La tomba di Oda Nobunaga è custodita presso il monte Koya, dove si trova il cimitero buddhista Okunoin. Il santuario al caduto venne costruito nel 1599 per commemorarne la morte e ringraziarne le gesta. Insieme a lui sono conservati anche i resti di Tokugawa Ieyasu, di cui parleremo a breve.

Passiamo quindi al secondo eroe, Toyotomi Hideyoshi, vissuto nello stesso periodo del precedente samurai, tra il 1537 e il 1598. Costui viene ancor oggi ricordato per via delle sue notevoli abilità negoziative e diplomatiche che lo portarono ad accedere ad una radiosa carriera politica e militare sin dalla giovinezza. Le sue origini umili lo aiutarono ad incrementare l'impegno militare che lo portò a prendere servizio per Oda Nobunaga diventando poi uno dei puoi generali di spicco e di massima importanza. Dopo la morte di quest'ultimo, Hideyoshi prese il controllo del paese succedendogli. Le sue origini troppo umili non gli permisero comunque di accedere al titolo di shogun, ma assunse il ruolo di kanapaku, ovvero di reggente. Anche con questa veste proseguì nell'opera di unificazione e sottomise le isole Shikku e Kyushu. Successivamente, tra il 1592 3 il 1598, tentò anche di annettere al Giappone la Cina passando per la Corea. Il piano non ebbe però l'effetto desiderato.

In ultimo conosciamo più da vicino la storia di Tokugawa Ieyasu, vissuto tra il 1543 e il 1616. Il samurai divenne noto e famoso grazie alla pazienza, alla calma e alla cautela con cui agì. Sappiamo infatti che non forzò mai alcun evento ed ebbe la capacità di aspettare che il momento fosse propizio; prese infatti il potere in seguito al decesso di Toyotomi Hideyoshi e subito ottenne numerose vittorie, tra le quali quella nella battaglia di Sekigahara nel 1600. Quest'ultima vittoria permise al samurai di assumere il titolo di shogun.

Grazie a lui il Giappone poté finalmente iniziare a vivere in un lungo periodo di pace che durò per circa tre secoli nell'unità e nella stabilità sotto i suoi discendenti: la famiglia Tokugawa.

5.8 Sakamoto Ryoma

Vediamo ora la storia di uno degli ultimi samurai conosciuti in Giappone, Sakamoto Ryoma. Costui è noto per il suo spirito romantico ma comunque libero, innovatore e imprenditoriale.
L'eroe nipponico nacque nel 1836 a Kochi, nell'attuale isola di Shikoku sotto il dominio di Tosa. Suo padre lo convinse a studiare l'arte della spada a Edo dove venne inviato presso un maestro, il quale sin da subito notò la maestria dell'allievo e alla fine degli studi, che allora erano molto seri e rigorosi per i samurai, ottenne il massimo dei voti ed il punteggio più alto della scuola.
Tornò nel 1856 presso il padre nella città natale dove volle appoggiare una fazione ribelle avversaria del signore locale, ma successivamente pensò di lasciare i compagni e decise di abbandonare Tosa, in quanto aveva idee diverse: non voleva sovvertire l'ordine territoriale, ma riformare l'intera nazione andando così a restaurare e rinnovare il potere imperiale.

La storia del samurai racconta che in seguito le navi del commodoro anglosassone Matthew Perry giunsero nel 1853 nella baia di Edo, luogo in cui il guerriero aveva studiato, e sconvolse il paese, in quanto era stato isolato per circa due secoli. Ryoma intanto divenne ronin e capì che il suo shogunato Tokugawa era giunto al termine della sua vita. Decise allora di intervenire uccidendo un uomo molto influente e vicino a quest'ultimo, Katu Kaishu, con lo scopo di prendere il suo posto e non avere rivali nella scalata politica. Costui riuscì malgrado a salvarsi e costrinse Ryoma a sottomettersi divenendo sostenitore della sua politica.

Kaishu non mirava ad un rinnovamento politico e imperiale, bensì ad una miglioria generale nell'apparato militare nevale giapponese. Inizialmente Ryoma non si arrese, ma si dice che fu un lunghissimo colloquio con Kaishu a fargli cambiare idea e al termine della discussione il ronin avrebbe ammesso: "Mi vergogno del mio ottuso bigottismo e ti prego di lasciarmi diventare tuo discepolo".

Nel 1864 Ryoma decise di fondare una società commerciale a Nagasaki con l'aiuto di venti colleghi e amici. La società prese il nome di Kameyama Shachi e divenne poi nota come kaientai, ovvero "forza navale ausiliaria". La compagnia diventerà in poco tempo la più forte della storia giapponese.

Ryoma proseguì nel favorire le alleanze tra clan ed in particolare quelli di Satsuma e Choshu. Quest'ultimo fu poi in grado di sconfiggere l'esercito di Tokugawa e questo gli permise di avanzare nuovamente di carriera facendo in modo di portare lo shungan a dimettersi nel 1867 facendo salire al potere la famiglia Meiji. Il samurai non fu in grado di vedere i risvolti del proprio lavoro, in quanto venne ucciso in una locanda di Kyoto alla giovane età di trentun anni.

5.9 Saigo Takamori

Siamo ora giunti alla fine di questo capitolo e dedichiamo l'ultimo paragrafo all'ultimo dei samurai vissuti, Saigo Takamori. Nato nel 1829 a Kagoshima, a sud del Giappone, Takamori proveniva da una famiglia modesta ma di orgogliosa stirpe samurai.

Durante la prima metà del XIX secolo il Giappone stava però attraversando una fase ricca di cambiamenti, tanto che, come abbiamo visto con la storia del precedente samurai, cambiò la stirpe dello shogunato, dai Tokugawa ai Meiji e questo portò il paese ad aprirsi nei confronti degli scambi con l'occidente e attraverso riforme di tipo strutturale verso la modernità. Addirittura, nel 1871 venne abolito il sistema feudale e questo pose fine, come abbiamo visto nell'introduzione del capitolo, anche al periodo dei samurai. Con la fine di questa mansione bellica, venne bandita anche la tipica capigliatura chonmage e vietato il trasporto in pubblico di armi belliche come le spade.

In questo periodo Saigo era occupato come burocrate, pertanto aveva lavorato al rinnovamento e all'apertura del paese, ma senza appoggiare in alcun modo l'eliminazione dell'esercito con i samurai, anzi, aveva insistito a lungo affinché anche questa parte del sistema fosse presa in considerazione con agevolazioni e riflessioni di miglioria. Propose anche di invadere la Corea, ma tutte le sue idee non vennero ascoltate, pertanto decise di dimettersi da tutte le sue cariche pubbliche per cominciare a fondare nuove scuole militari a Kagoshima. Queste accademie divennero così famose che nel 1877 raggiunsero i ventimila iscritti trasformandosi così in un vero e proprio esercito.

Il governo centrale, venuto a conoscenza delle scuole del samurai e della loro forza, decise di tutelarsi andando ad impadronirsi delle armi presenti su tutto il territorio di Kagoshima; il tentativo fallì miseramente.

Questa azione del governo andò a generare ciò che era stato temuto: una rivolta. A capo di quest'ultima c'era proprio Saigo Takamori che guidò tutti i suoi allievi contro il governo Meiji.

Lo scontro proseguì da febbraio fino a settembre del 1877 con l'esplosione nella battaglia di Shiroyama durante la quale i ribelli vennero repressi e l'ultimo dei samurai fu ucciso.

È proprio da questa storia che prende spunto e origine uno dei film più noti sul folklore e la cultura giapponese: "L'ultimo samurai". Troviamo un ricordo di Saigo Takamori a Tokyo, nel parco Ueno, dove è stata collocata una statua rappresentante un uomo massiccio che porta al guinzaglio un piccolo cane a memoria della forza del samurai ma anche della sua dolcezza e amore nei confronti degli animali.

Capitolo 6

Miti E Leggende

Abbiamo conosciuto i Kami, gli spiriti, gli eroi e gli esseri più bizzarri in tutti i capitoli precedenti e abbiamo scoperto le loro storie, i loro poteri e anche qualche gesta che li ha resi così importanti e conosciuti. Ora però è giunto il momento di conoscere come sono intervenuti nella storia del Giappone, come hanno reso lo stato quello che ad oggi conosciamo e come nell'antichità si era soliti spiegare alcuni cambiamenti nel mondo.

Il mito nasce proprio con lo scopo di spiegare ciò che l'uomo non è in grado di dimostrare attraverso le proprie conoscenze e in queste mancanze intervengono gli spiriti e gli esseri poco o tanto realistici.

Immergiamoci quindi in questo capitolo che sarà ricco di tante storie diverse, alcune in parte già note nelle precedenti pagine e altre del tutto inedite.

6.1 Gesta di Ryujin

Abbiamo conosciuto Ryujin nel capitolo 3.8 e abbiamo scoperto che è lo spirito legato ai mari, alle acque e alla loro vitalità e protezione.

6.1.1 L'imperatrice Jingu

Una leggenda narra che l' imperatrice Jingu fosse chiamata ad attaccare la Corea, la quale era dotata di una famosissima e belligerante marina. Fu quindi Ryujin ad intervenire aiutandola a conseguire una celebre vittoria. Il Kami decise di regalare all'imperatrice due gemme che l'avrebbero aiutata nel controllo delle masse di acqua. Fu proprio con l'astuzia e l'intervento divino che la battaglia venne vinta e non con la forza delle armi.

Durante lo scontro con l'esercito marino coreano, l'imperatrice Jingu si trovò in difficoltà e decise allora di utilizzare i doni ricevuti: per prima andò a lanciare in mare la gemma Kanju (tradotta come "Gemma della bassa marea") e le acque si abbassarono.

L'abbassamento delle acque fece arenare le navi nemiche e i soldati furono costretti a lasciare i propri posti scendendo nell'acqua bassa con lo scopo di procedere a piedi e scontrarsi corpo a corpo. L'imperatrice però non perse tempo e decise di utilizzare subito la seconda gemma, quella che viene chiamata la "Gemma dell'Alta Marea", Manju e subito le acque tornarono ad alzarsi andando ad inghiottire navi e soldati coreani che presto morirono tutti annegati rendendo così il Giappone automaticamente vincitore della guerra.

6.1.2 Perché le meduse non hanno le ossa?

C'è un'altra leggenda che coinvolge il Kami Ryujin e si tratta della storia che spiega la ragione per cui le meduse ad oggi non hanno le ossa.

Il mito narra che un giorno il Kami fosse vittima di un forte dolore e volesse mangiare del fegato di scimmia, noto tra gli spiriti come medicina contro il prurito, così inviò una medusa a catturare per lui uno di questi animali.

La medusa partì e una volta addentratasi nella giungla trovò esemplare di scimmia, una volta avvicinatasi, venne però abbindolata dall'animale che riuscì a sfuggire all'aiutante di Ryujin. La scimmia, infatti, disse al mollusco che aveva lasciato per il Kami il suo fegato in un barattolo che poteva trovare nel cuore della foresta, stava però a lei andare a cercarlo.

La medusa passò l'intera giornata nella ricerca di quel barattolo e non lo trovò, così decise di fare ritorno da Ryujin per raccontargli cosa le era capitato.

Tornata però dal Kami e raccontata la storia, quest'ultimo non la accolse piacevolmente, anzi, la punì per essere stata così stupida da aver creduto all'inganno della scimmia e percosse rabbiosamente la medusa fino a romperle tutte le ossa.

6.2 Le gesta di Bishamonten

Abbiamo conosciuto il Kami Bishamonten è una divinità anche sotto il nome indù di Vaisravana nel paragrafo 3.15.

Ora ci occuperemo di una leggenda che vuole giustificare la presenza di questa divinità nell'olimpo giapponese, perché invece si crede che Bishamonten abbia origini indiane.

Il mito racconta di un ricco uomo che aveva una figlia dal nome Bunshō, identificata con la dea Benzaiten, ovvero la dea della musica. Questa ragazza venne data in sposa ad un uomo, Shinyosu Daimyōjin.

I due rimasero sposati per molti anni e a lungo provarono a generare un erede, ma Bunshō non riusciva a dare alla luce un figlio. I due sposi provarono anche a pregare i Kami e a offrire loro numerosi doni, ma nulla mutò la situazione fino a quando la fanciulla rimase incinta, ma al momento del parto non generò un bambino, bensì 500 uova.

Bunshō era terrorizzata perché non sapeva cosa potessero contenere quelle uova e soprattutto cosa ne sarebbe uscito una volta arrivate alla schiusura, così ordinò ad un servo che fossero poste in un cesto e gettate nel fiume.

Il servo fece diligentemente quanto ordinato e lasciò il cestino a navigare, fino a quando non venne trovato da un pescatore che lo raccolse e lo portò alla moglie convinto che quelle fossero delle normalissime uova di gallina abbandonate su una riva e raccolte per sbaglio dalle acque.

La donna, sperando che le uova producessero dei pulcini, decise di provare a covarle e le pose nella sabbia calda, ma una volta dischiuse, invece di 500 pulcini, nacquero 500 bambini.

La coppia di pescatori non era benestante e con moltissima fatica riuscì a mantenere la moltitudine di infanti fino a quando questi non furono in grado di camminare e parlare. A quel punto, i due decisero di inviarli dal signore locale e dalla moglie Bunshō, nella speranza di ricevere da loro un aiuto e che si prendessero cura di tutti questi bambini che non erano i loro figli.

I 500 bambini si recarono insieme al castello dove venne loro chiesto di raccontare la storia che li aveva condotti sin dal signore. Questi dissero che erano nati da 500 uova trovate in una cesta cullata dalle acque del fiume da un marinaio e dalla povera moglie. Bunshō riconobbe la storia perché era la sua e capì che quelli erano i suoi figli e permise loro di vivere all'interno del castello.

Fu questa leggenda e questa storia di prosperità che porto Bunshō ad essere posta nel rango dei Kami e venerata e rispettata con estrema devozione.

6.3 Tsuchigumo

Abbiamo parlato di questo Yokai di forma animale nel capitolo 4.1.3, descrivendolo brevemente come un ragno di terra. Il mito più conosciuto su Tsuchigumo è quello che o associa ad un eroe epico dal nome Minamoto no Yorimitsu, un samurai di cui non abbiamo ancora narrato le gesta e meglio conosciuto sotto il nome di Minamoto no Raiko.

Essendo la storia di cui andiamo a breve a parlare molto nota, esistono molteplici versioni nelle quali Tsuchigumo si presenta sotto le sembianze di una splendida donna che seduce l'eroe, in altre come un ragazzo che prende servizio per il samurai e in altre ancora come un monaco buddhista. In tutti i casi, il ragno riusciva a tenere nascoste le proprie sembianze attraverso alcune illusioni ottiche.

Ad ogni modo, Raiko nella leggenda non si accorse che la persona che si era avvicinata a lui nascondeva un aspetto orribile e spaventoso, l'unica cosa che però lo stranì fu che da quando l'essere stava vicino a lui, la salute dell'eroe era diventata sempre più precaria. Il samurai cominciò però a diventare sospettoso nei confronti dell'ospite e pensò di coglierlo di sorpresa per smascherarlo. Decise quindi di attaccarlo colpendolo all'improvviso, ma quando la creatura cominciò a fuggire, le illusioni da lei create si dissolsero andando così a rivelare una tela di ragno che si arrampicò attorno a Raikō. Quest'ultimo fu costretto a fermarsi e a chiedere aiuto ai suoi uomini per liberarsi e riprendere l'inseguimento del ragno.

A salvare il samurai fu proprio la scia di sangue che la creatura lasciava a causa della ferita e questa traccia li condusse fino ad una grotta.

Anche il finale della leggenda ha più versioni: secondo una il ragno venne trovato morto dissanguato proprio a causa della ferita infertagli da Raiko, secondo altre invece la creatura venne trovata ancora viva nella sua tana e qui ebbe luogo un'ultima battaglia che vede l'eroe e i suoi compagni emergere vittoriosi.

Il demone rappresenterebbe un gruppo di banditi, in quanto viene associato tradizionalmente ad una popolazione realmente esistita dalle caratteristiche bellicose e rudi, esattamente quelle che gli occidentali attribuivano ai barbari.

6.4 Leggende sugli Yurei

Veniamo ora a conoscere uno dei miti riguardanti gli spiriti Yurei (vedi il capitolo 4.6). Tutte le leggende provengono dal folklore, dalle storie che i genitori raccontavano ai propri figli con lo scopo di spaventarli e controllarli meglio, ma anche storie dell'orrore che i ragazzi erano soliti raccontarsi nelle notti con lo scopo di spaventarsi a vicenda e divertirsi.

6.4.1 Hitodama

Abbiamo già detto che gli Yurei erano spesso accompagnati dai fuochi fatui, ovvero anime sotto forma di fiammelle colorate di blu, verde o viola e in Giappone sono più conosciuti con il nome di Hitodama. La tradizione è solita legare queste apparizioni alle anime delle persone prossime alla morte, perché si crede che l'anima si allontani dal corpo già qualche giorno prima del decesso fisico.

Una leggenda narra che venne visto un fuoco fatuo presso Tono, così l'uomo che aveva subito l'apparizione decise di seguirlo per scoprire di chi fosse l'anima contenuta nello spirito. L'uomo giunse però a credere che ciò che aveva visto era solo il frutto di un sogno. Il protagonista era un impiegato presso l'ufficio comunale di Tono e nei giorni successivi all'incontro con il fuoco fatuo raccontò di aver visto nella notte uno spirito, una luce che si alzava ed emergeva da una stalla e cominciava a svolazzare all'interno delle stanze dell'ufficio. L'impiegato allora cominciò a inseguire il fuoco con una scopa fino ad intrappolarlo in un lavandino.

Solo poche ore dopo l'uomo venne chiamato dai familiari per andare a fare una visita urgente ad uno zio in punto di morte. Prima di recarvisi, decise di liberare l'Hitodama perché sicuro che in lui si intrappolava l'anima del parente.

Quando arrivò presso il letto dello zio lo trovò già morto, ma dopo qualche istante questo tornò in vita con lo scopo di accusare il nipote di averlo inseguito con prepotenza con una scopa e di averlo infine catturato. Al termine dell'accusa il vecchio tornò esanime.

6.5 Le sei statue dai cappelli di paglia

C'erano una volta una coppia di anziani signori il cui marito, per assicurarsi lo stipendio e mantenere anche la moglie, fabbricava cappelli di paglia, ma questo impiego non li allontanava da una situazione di vita economica povera e umile, al punto che un anno, per Capodanno, non avevano nemmeno i soldi per acquistare i tradizionali biscotti di riso. Il nonno allora decise di recarsi in città per incrementare le vendite di cappelli di paglia, così ne prese cinque e partì a piedi. La città distava parecchio da casa e per arrivarci si era costretti ad attraversare l'intera campagna. Al termine del cammino raggiunse la meta e cominciò a girare le vie principali annunciandosi e offrendo i propri cappelli a gran voce, esattamente come un venditore al mercato.

In quel periodo così a ridosso del Capodanno la città era colma di gente intenta a fare acquisti di ogni tipo, dai tipici prodotti come sakè, pesce e biscotti di riso, alle decorazioni dell'ultimo minuto. Le persone correvano frettolose da un negozio all'altro e nessuno prendeva in considerazione i prodotti del vecchietto, perché in quei giorni le persone erano solite rimanere in casa e a nessuno serviva un cappello in paglia.

Il vecchietto però tentò di non demordere e passò l'intera giornata nel tentativo di vendere i suoi cinque cappelli, ma arrivata sera dovette ammettere a sé stesso che non avrebbe potuto acquistare i biscotti di riso alla moglie e fu costretto a riprendere la via di ritorno verso casa.

Una volta incamminatosi verso la campagna cominciò però a nevicare, così stancamente si trascinò verso casa, ma sul cammino intravide gli Ojizousama, ovvero le statue che – secondo la tradizione – rappresentano le divinità degli spiriti dei bambini morti.

Il vecchietto riuscì a contarne sei mentre nevicava molto e fittamente e così penso che anche quelle divinità potessero aver freddo e decise di donare loro i cinque cappelli che non era riuscito a vendere. Poiché le statue erano sei e i cappelli solo cinque, il nonnino si tolse anche il suo e lo fece indossare all'ultimo Ojizousama scusandosi perché quel cappello era vecchio e logoro. Fatto questo riprese il cammino sotto la neve per raggiungere la moglie prima del Capodanno.

Qualche ora dopo riuscì ad arrivare finalmente a casa dove la vecchietta lo vide entrare tutto coperto di neve e senza il cappello, così la donna gli chiese cosa fosse successo e lui le raccontò la storia delle statue Ojizousama. La donna, inizialmente preoccupata, si congratulò con il marito per il gesto fatto e per la grande bontà che lo contraddistingueva, poi fece sedere il marito tremante dal freddo vicino al fuoco nell'attesa che la cena fosse pronta.

I due vecchietti cenarono con il poco riso rimasto e delle verdure e poi andarono a letto senza aver mangiato i biscotti di riso.

Verso mezzanotte la coppia di anziani venne svegliata da un rumore molto strano, simile a quello di un canto che piano piano si avvicinava verso la casa.

Il canto, secondo la leggenda, recitava così:

"Il nonno ha dato sei cappelli agli Ojizousama
Dov'è la sua casa?
Dove abita?"

I due si alzarono intimoriti e al tempo stesso sorpresi, ma ad un tratto sentirono il rumore della porta sbattere, come se qualcuno fosse uscito di corsa dalla casa. Subito corsero a vedere cos'era successo e sull'uscio della porta trovarono tantissimi regali di ogni genere: riso, sakè, pesce, decorazioni, coperte, vestiti, kimoni, biscotti di riso e tanto altro ancora.

I due alzarono lo sguardo e videro in lontananza le sei statue con il cappello di paglia in testa che si allontanavano nella notte.

Gli Ojizousama avevano deciso di ringraziare il vecchietto per aver donato loro quel poco che aveva e aver dimostrato bontà e generosità nei confronti degli Dei e degli spiriti.

6.6 La nascita della morte

Vediamo ora il mito che racconta la nascita della morte che non è rappresentata da un nuovo Kami o spirito, bensì da due divinità che abbiamo già conosciuto, la cui storia andrà a mutare per sempre il destino degli uomini.

Abbiamo raccontato nei primi capitoli del libro la storia di Izanami e Izanagi e alcune delle nascite e gesta dei loro figli. Abbiamo anche brevemente detto che al termine dell'ultimo parto Izanami perse la vita e il compagno fratello venne chiamato a scendere negli inferi, lo Yomi, per recuperarla.

Lo Yomi si presentò al Kami come un luogo non così terrificante come tutti si aspetterebbero, diversamente era solo immerso in un grande e timoroso buio. Continuando a camminare, nonostante la scarsa visuale, Izanagi riuscì a trovare la sorella compagna e le chiese di seguirlo nella risalita verso la terra, ma questa fu costretta a rifiutare perché aveva già consumato il cibo degli inferi e questo non le permetteva più di fare ritorno nel mondo dei vivi.

Izanagi ascoltò la giustificazione, ma non riusciva a comprendere le ragioni della compagna, così decise di portarla via contro la sua volontà: aspettò che Izanami si fosse addormentata, quindi accese un fuoco con l'obiettivo di vederla meglio. Quando però le fiamme illuminarono il corpo della dea, Izanagi si accorse che il suo aspetto era del tutto mutato: era colmo di larve che lo stavano rendendo orribile e disgustoso, tanto da spaventarlo. Il Kami allora cominciò a correre lontano dal corpo della compagna che nel frattempo cominciava a risvegliarsi e scorso il fratello impaurito, cercò di rincorrerlo facendosi aiutare da altre creature infernali con lo scopo di convincerlo a rimanere con lei nello Yomi.

Izanagi, senza poche fatiche, riuscì finalmente ad uscire dagli inferi e a richiuderne la porta di ingresso con un grosso masso oltre il quale riusciva però a sentire le urla furenti di Izanami, la quale lo minacciava intimandogli di togliere il masso, altrimenti avrebbe ucciso mille umani al giorno per l'eternità. Il Kami le risposte che se lei avesse agito così, lui avrebbe reagito generando ogni giorno mille nuovi uomini o donne.

È così che i giapponesi si spiegano per quale ragione si muore e si nasce.

6.7 La principessa Kaguya

Lasciamo per un momento da parte i miti relativi gli Dei e le loro peripezie relazionali e veniamo ad un mito riguardante la tradizione folkloristica giapponese.
Questa storia, chiamata da molti "Storia di un tagliabambù" ma anche "Storia della principessa Kaguya", risale al X secolo ed è ritenuto il più antico testo narrativo della letteratura giapponese.

La leggenda narra che Okina era un tagliatore di bambù e una notte, mentre era intento nel lavoro, vide una canna di bambù diversa dalle altre, perché decisamente più brillante e splendente. L'uomo decise allora di tagliarla per poi osservarla bene e nel guardarne l'incavo interno, scorse una bambina piccolissima, grande quanto il suo stesso pollice. Okina prese la piccola creatura e la portò a casa con sé dalla moglie sperando che la mancanza di figli propri la spingesse ad adottarla. La coppia allevò la bambina e le diede il nome di Kaguya, ovvero "Notte splendente".
Okina la mattina seguente tornò al lavoro, ma si accorse che qualcosa era cambiato: ogni volta che tagliava il bambù, trovava nell'incavo interno una piccola pepita d'oro e capì che questa magia era in qualche modo collegata e causata dalla bambina.
Kaguya venne cresciuta in modo tradizionale e amorevole dai propri genitori adottivi, i quali divennero, grazie alle pepite, benestanti e poterono assicurarle un'educazione sana e ricca. La bambina crebbe e divenne una bellissima donna costantemente guardata e bramata da tutti gli uomini nonostante fosse pudica e i genitori facessero di tutto per tenerla nascosta dai tanti pretendenti che volevano portargliela via.

Quando però la ragazza raggiunse l'età del matrimonio, cinque pretendenti si presentarono presso la casa famigliare chiedendo la mano della fanciulla. Quest'ultima non era però pronta per sposarsi, così decise di mettere alla prova i cinque ragazzi attraverso delle richieste assurde e impossibili da esaudire per lei come pegno d'amore.

Al primo, chiese di portarle la sacra ciotola del Buddha, al secondo invece chiese un ramo tagliato da un albero con il tronco dorato e le foglie color argento, al terzo la pelle di un topo di fuoco, al quarto un gioiello che si trovava però sulla testa di un drago, al quito ed ultimo una conchiglia che stava nascosta dentro la pancia di una rondine.

Naturalmente nessun pretendente fu in grado di portare a termine il compito assegnato e nessuno riuscì ad ottenere la sua mano.

Kaguya era così convinta di non volersi sposare, che addirittura finì per rifiutare la mano dello stesso imperatore del Giappone che, conosciuta la sua storia, si era innamorato e si era presentato invano da lei. La ragazza si giustificò con lui dicendogli che era venuta dalla Luna e che presto sarebbe tornata lì, per questo non aveva alcuno scopo sposarsi sulla terra.

L'imperatore era però follemente innamorato e fece di tutto per impedire la sua partenza, infatti inviò moltissimi soldati, ma gli esseri celestiali scesero comunque a prendere la ragazza perché era la loro principessa e per evitare che qualcuno li fermasse, accecarono tutti i presenti e la fanciulla scomparì.

Prima di partire Kaguya scrisse una lunga lettera e la lasciò insieme ad una goccia di elisir di lunga vita. Quando l'imperatore vide i doni decise, per la rabbia dell'abbandono, di portarli sulla vetta del monte Fuji e bruciarli.

Con questa leggenda i giapponesi sono soliti spiegare per quale ragione dal monte vulcanico si veda uscire del fumo, che sarebbe quindi generato dall'elisir di lunga vita che prende fuoco. Spiegano inoltre l'origine del nome dello stesso che deriva da fushi, ovvero immortalità.

6.8 Il Tanabata

In questo paragrafo andremo a leggere la storia del Tanabata, settima notte, ovvero la festa delle stelle o anche conosciuta come festa delle stelle innamorate. Questa festività trarrebbe origine da una tradizione cinese e ha lo scopo di celebrare il ricongiungimento di due divinità: Orihime, la stella Vega e Hikoboshi, la stella Altair. La festa allora viene festeggiata proprio il settimo giorno del settimo mese lunare del calendario lunisolare. Questo giorno, che non ha una data fissa, cade tra i medi di luglio e agosto e qualcuno è solito assegnare il nome alla celebrazione di Festa del Doppio Sette. I festeggiamenti vedono le città illuminate con le lampade di carta, grandi decorazioni e concorsi di bellezza ad ogni angolo. Vediamo quindi l'origine del Tanabata.

La protagonista di questa antichissima storia è Orihime, ovvero la figlia più giovane del dio del Cielo, Tentei, il quale viveva sulle sponde della Via Lattea che scorreva sotto il nome di Fiume Celeste. La ragazza era in realtà la reincarnazione della stella Vega e si occupava della sartoria divina, quindi rammendava e riparava tutti i vestiti degli Dei senza avere mai del tempo per sé stessa. Quando il padre la vide sempre sola ed emaciata, decise di trovarle un marito che fosse come lei un grande lavoratore e trovò la reincarnazione della stella Altair, ovvero Hikoboshi, che si occupava del pascolo dei buoi sulle sponde del Fiume Celeste.
I due giovani si innamorarono subito follemente, tanto che per stare insieme trascurarono i loro impegni lavorativi e questo portò presto gli Dei a rimanere senza vestiti e i buoi a pascolare senza regola ovunque.
Il padre, accortosi della situazione ed infuriatosi, fu costretto ad intervenire per separare i due amanti, così li assegnò alle due diverse sponde del Fiume Celeste e questo impedì loro di vedersi e li costrinse a tornare ad occuparsi del loro dovere.

Orihime passò i giorni seguenti nel pianto e nella disperazione ininterrotta, così il padre venne nuovamente colto dallo sconforto e dalla pietà e decise di permettere ai due amanti un solo incontro all'anno, così da accontentarli senza però distoglierli dal lavoro. Il giorno dell'incontro era prefissato per il settimo giorno del settimo mese, quando uno stormo di gazze ladre giunse sul Fiume Celeste e con le loro ali andarono a costruire un ponte che potesse unire le due sponde. Appena lo vide Orihime salì subito e corse verso l'amato Hikoboshi.

Se guardiamo il cielo nei mesi estivi, possiamo notare che il legame tra Vega e Altari è vero, infatti osservando la volta celeste notiamo che le due stelle, insieme alla stella Daneb, formano il Triangolo estivo che è attraversato dalla Via Lattea.

6.9 La leggenda di Sakura

Abbiamo già detto che parecchi secoli fa il Giappone era devastato da moltissime guerre intestine dettate dal desiderio di potere di diversi imperatori e samurai al loro servizio ed è proprio in questo periodo che si dice essere nata la leggenda di cui andiamo a parlare. Noncurante della guerra, la natura procedeva nel suo regolare corso, quindi gli alberi crescevano, i fiori sbocciavano e i frutti maturavano. Tutti gli alberi seguivano il loro naturale cambiamento, tranne un albero solitario. Una fata però un giorno si accorse di questa sua strana condizione, così, mossa da pietà, decise di intervenire dandogli la possibilità di sbocciare per mezzo delle emozioni, così gli si avvicinò e gli disse: "Potrai sentire i sentimenti umani e trasformarti in uomo quando vorrai; ma se entro vent'anni non recupererai la tua vitalità, morirai".

L'albero si trasformò in uomo diverse volte, ma dall'umanità non riuscì a percepire emozioni e sentimenti positivi, bensì per lo più odio e guerra. L'uomo albero, deluso da questa esperienza di vita e ormai senza speranza, si avvicinò un giorno a un fiume dove c'era una ragazza intenta a riposare all'ombra. I due si presentarono e l'albero conobbe il suo nome, Sakura, poi lui le disse di chiamarsi Yohiro. La ragazza era gentile, premurosa e dolce e questo fece svegliare in lui tutti i sentimenti che la fata gli aveva promesso e permesso di trovare nel corpo di un uomo.

I due divennero tanto amici che un giorno Yohiro decise di aprirsi completamente a lei dichiarandosi: le rivelò prima il suo amore, poi le raccontò anche il suo passato ed il patto fatto con la fata. Sakura, che ricambiava i sentimenti di amore, rimase inizialmente scioccata dalla sua storia, al punto che per un po' si allontanò da lui. Il tempo intanto passò inesorabilmente e per Yohiro fu il momento di tornare ad essere un albero triste e pieno di malinconia da abbandono.

Un giorno però Sakura lo riconobbe, così gli si avvicinò, lo abbracciò e gli disse che ricambiava il sentimento; fu in quel momento che apparve davanti a lei la fata dell'inizi della storia e Sakura, follemente innamorata, le chiese di potersi fondere con Yohiro in forma di albero. La fata senza esitare esaudì il desiderio della ragazza, così i due innamorati si fusero e l'albero poté finalmente iniziare a fiorire.

6.10 La leggenda di Urashima Taro

Urashima Taro era un pescatore e la leggenda narra che circa 1500 anni fa l'uomo, in una notte di estate, decise di uscire in mare. Non passò molto tempo prima di riuscire a pescare qualcosa, quindi, credendo che attaccato alla lenza ci fosse un pesce, decise di ritirarla, ma ciò che trovò fu una tartaruga, ovvero la creatura

97

aiutante del Dio Drago del Mare, Ryujin (Capitolo 3.8). Presto il pescatore liberò l'animale sperando di non aver fatto infuriare la divinità, poi sotto il sole estivo si addormentò.

Durante il sonno, come in una sorta di sogno, Urashima Taro sognò una bellissima fanciulla, la quale si presentò sotto il nome della figlia del Dio Drago del Mare, giunta presso di lui con lo scopo di ringraziarlo e riconoscerlo per aver liberato la tartaruga sacra del padre. Poi, chiese lui di seguirla fino all'isola in cui l'estate regna perpetua, ovvero Horai, per poi sposarsi.

L'uomo, ammaliato dalla bellezza della dea, decise di intraprendere subito la navigazione verso l'isola dove si sposò con la donna e vissero insieme per tre anni. Intanto però Urashima si ricordò di aver lasciato i suoi genitori ad attenderlo di ritorno dalla pesca, così avvertì la sposa, la quale però rispose: "Sento che non ti vedrò mai più; prendi questo scrigno che ho chiuso con un nastro di seta, ma non l'aprire mai, sarà lui a ricondurti qui. Se lo apri, non ci potremo rivedere".

Urashima prese il dono e si imbarcò verso la terra nativa. Una volta raggiunta la costa tutto gli sembrò strano, non riusciva a trovare la casa di famiglia e quando chiese indicazioni, un passante lo avvertì che la sua ricerca era del tutto inutile, perché il signor Urashima Taro era ormai morto da quattrocento anni durante una battuta di pesca in mare.

Urashima volle una conferma, così si recò al cimitero della città e qui scoprì non solo la sua stessa lapide, ma anche quelle dell'intera famiglia.

Del tutto scioccato e rattristito, l'uomo ripensò alla moglie e gli venne in mente lo scrigno che gli aveva donato, così pensò di aprirlo al fine di ritrovare un po' di felicità, ma non appena lo aprì uscì un vento gelido e poco dopo la vita abbandonò il suo corpo.

Con questa leggenda i giapponesi cercano di insegnare come vivere un rapporto di coppia: è importante dare amore, felicità e benessere, ma anche libertà in cambio di fiducia e lealtà.

6.11 La leggenda di Sayohime

La leggenda è ambientata nel 537, durante il periodo chiamato Yomato. In questo anno il Giappone decise di aiutare con una flotta di navi Kudra, uno dei tre regni della penisola coreana, minacciato dal vicino regno di Silla e dalla dinastia cinese Tang. Il progetto aveva prefissato come luogo di partenza per le navi il porto di Matsuura, ovvero una cittadina della baia di Karatsu insieme al generale della forza armata Otomo no Satehiko. Al generale, durante la permanenza sulla baia prima della partenza, vennero affidate alcune attività burocratiche ordinarie ed un gruppo di persone di supporto tra le quali Sayohime, una giovane ragazza.

Come spesso accade, i due si innamorarono prestissimo e finirono per convogliare a nozze, ma Satehiko sapeva che presto avrebbe dovuto abbandonare l'amata per la partenza. Il generale, come pegno d'amore, decise di regalare alla sposa Sayohime un bellissimo specchio e durante l'atto del dono le disse: "Per favore, tienilo come se fossi io", poi si imbarcò e partì.

La donna corse subito al monte Kagami e si arrampicò fino alla vetta allo scopo di salutarlo e guardarlo il più a lungo possibile. Da lì cominciò a chiamarlo per nome e agitare le braccia coperte dalle maniche di un kimono fino a quando la barca non si allontanò troppo e lei non lo perse di vista.

Alla donna questo saluto non bastava, voleva stare il più possibile vicina al suo amato, così scese dalla montagna e corse ad attraversare il fiume per raggiungere l'isola di Kabe. Arrivata lì non si diede per vinta, ma non potendo andare oltre si rattristì improvvisamente all'idea di non poter più vedere l'uomo che amava e così si trasformò in una pietra.

6.12 La leggenda di un amore turbolento

Questa è la leggenda di un amore turbolento ambientata presso Enoshima, ovvero un isolotto che si trova lungo la costa giapponese vicino alla città balneare di Kamakura.

Moltissimo tempo fa quest'isola non esisteva e la costa era invece attanagliata e torturata dalla presenza di un drago a cinque teste che gli abitanti erano soliti chiamare Gozuryu. Il mostro era temuto a causa dei continui terremoti e disastri naturali che era solito generare.

Questo atteggiamento del drago proseguì fino a quando non intervenne la Dea Benzaiten (Capitolo 3.12), riconosciuta come la divinità dei corsi d'acqua e della musica. Questa scese quindi dal cielo ed emerse dalle acque prendendo dimora su sull'isola Enoshima. Tutti gli abitanti poterono assistere all'apparizione della dea e anche lo stesso drago venne catturato dall'evento, ma il suo interesse non si esaurì in quel momento, perché subito si innamorò della divinità.

Non è la prima volta che le leggende giapponesi vedono la nascita di un folle amore tra una dea ed un drago e questo accadde anche Gozuryu e Benzaiten, in quanto anche la seconda confermò e ricambiò i sentimenti.

Poiché era perdutamente innamorato, il drago chiese la mano dell'amata per il matrimonio, ma lei gli chiese un patto in cambio del suo consenso: lo avrebbe sposato solo se il drago avesse cambiato atteggiamento nei confronti delle terre che era solito terrorizzare e distruggere, andando così ad aiutarle e proteggerle.

Il drago Gozuryu, così innamorato, accettò e onorò la sua promessa fino alla fine dei suoi giorni.

Quando morì lasciò cadere il suo gigantesco corpo tra le attuali città di Kamakura e Fujisawa.

6.13 La leggenda del filo rosso

Proseguiamo con una delle leggende a tema amoroso della tradizione popolare giapponese. La leggenda, molto nota, è quella che ci racconta la storia del filo rosso del destino. Il filo sembrerebbe partire dal nostro mignolo e, irrigato dalla stessa arteria che passa dal dito medio, sembrerebbe associare in qualche modo la trasmissione e il trasferimento di sentimenti a quelli di un'altra persona che forse ancora non abbiamo conosciuto, ma che è destinata ad entrare nella nostra vita e occuparne un posto di grande rilievo. Solitamente questa associazione emotiva si basa su legami d'amore. Esistono moltissime versioni della storia, vediamone quindi una.

La leggenda racconta che molti anni fa, un imperatore giapponese venne avvisato che nel suo regno viveva una potente maga dalla capacità unica di vedere il filo rosso del destino che lega le persone. L'imperatore, incuriosito dal suo stesso destino, ordinò ai suoi uomini di trovare la maga e condurlo subito al suo cospetto, perché voleva assolutamente sapere chi sarebbe stata la sua futura moglie e dove l'avrebbe trovata.
L'imperatore venne così presto portato al cospetto della strega, la quale accettò di rispondere alle sue domande e cominciò a seguire il filo del destino imperiale e insieme giunsero in un mercato.
Arrivati lì, la maga si fermò presso il banco di un povero contadino che vendeva i pochi prodotti che aveva tenendo in braccio suo figlio. Quindi la maga, un po' intimorita dalle conseguenze, avvisò l'imperatore che lì finiva il suo filo. L'imperatore inizialmente pensò che la maga lo stesse prendendo in giro, non era possibile

che il suo destino fosse legato ad un plebeo, così cominciò a spingere il contadino facendo cadere il bambino che teneva in braccio e provocandogli una grande ferita sulla sua testa.

Dopo aver ferito il plebeo, decise di punire anche la strega per averlo preso in giro e ordinò la sua esecuzione, poi tornò al palazzo.

Passarono diversi anni da quell'incontro con la maga e il plebeo e l'imperatore decise di sposare la figlia di uno dei generali più importanti del paese, quindi chiese aiuto ai suoi consiglieri personali. I suoi uomini lo aiutarono nello scegliere una ragazza che però l'imperatore non poté vedere mai fino al giorno del matrimonio.

Arrivato il giorno fissato per le nozze, l'imperatore conobbe la sua futura moglie e si accorse vedendo la sua faccia per la prima volta, che aveva una grande cicatrice sul corpo che lei raccontò essere stata causata da una caduta dalle braccia paterne da piccola. L'imperatore capì tutto: quella fanciulla era la figlia di quel contadino che lui aveva schernito e picchiato anni prima e allora quella maga uccisa ingiustamente aveva ragione: il suo destino era legato con quella della figlia di un plebeo.

6.14 Myoken e Buko

Vediamo un ultimo mito riguardante l'amore e chiudiamo questo piccolo gruppo tematico con una leggenda giapponese sull'amore. Il racconto divenne poi noto ai più non tanto per una ragione contenutistica della storia, bensì per le celebrazioni e i festival che sono stati realizzati e che vedremo alla fine della storia.

Questa storia narra l'amore sbocciato tra due divinità: la dea Myoken, nota anche come il crepuscolo degli Dei o la Stella Polare e il dio Buko, il protettore di una montagna. I due si innamorano, ma la loro storia d'amore non poté procedere come i due avrebbero sognato, perché Buko era già sposato con la moglie Suwa. Quando però quest'ultima venne a sapere che tra le due divinità era nato un amore clandestino, naturalmente non li lasciò mai incontrare. Tra Suwa e il marito esisteva però un accodo: Buko poteva avere un giorno di totale libertà dal matrimonio una sola volta all'anno, il 3 dicembre. Il Dio attese allora quel giorno e lo utilizzò per incontrare l'amata Myoken.

La storia di questo amore viene considerata molto simile a quella della leggenda del Tanabata, al punto che alcuni dicono che sia la versione invernale del racconto.

Ogni anno l'amore tra i due viene celebrato in un grandioso e amato festival, il Chichibu Yomatsuri Night Festival, tra il 2 e il 3 dicembre. La leggenda e le due divinità vengono festeggiate mediante carri allegorici, feste e fuochi d'artificio.

6.15 La leggenda di Yuki Onna

Questa leggenda ha come personaggio principale uno Yokai di nome Yuki-Onna, uno spirito che assume una forma femminile e che è solito apparire durante le notti invernali di neve per nutrirsi della vitalità dei viandanti che si perdono nel luogo in cui vivono e trasformarli in statue di ghiaccio.

Yuki-Onna è soggetto e protagonista di numerose leggende giapponesi che hanno come scopo la narrazione della morte per congelamento. Vediamone subito una delle più famose.

La leggenda racconta di Mosaku e Minokichi, due giovani boscaioli e carpentieri. Il secondo era l'apprendista del primo e al termine della giornata di lavoro presero la strada di ritorno verso a casa dalla foresta, quando furono colpiti da una bufera di neve. I due pensarono quindi di rifugiarsi in una grotta e poiché la tempesta non voleva giungere al termine, decisero di passare lì la notte e sbarrarono l'apertura all'antro.

Il maestro e l'apprendista presero subito sonno, ma presto la porta venne aperta violentemente da una raffica di vento che entrò nella grotta accompagnata da una donna vestita di bianco. Questa si avvicinò per primo al maestro Mosaku, assorbì la sua energia vitale e lo congelò fino ad ucciderlo sul colpo. Il giovane Minokichi, svegliatosi di colpo, guardò la scena paralizzato. Yuki-Onna si accorse della sua paura e vedendolo così giovane decise salvarlo a patto che il ragazzo non raccontasse mai a nessuno quanto era accaduto o dicesse qualcosa del potere della divinità; se non avesse rispettato il passo, lo Yokai l'avrebbe ucciso. Il giovane non esitò ad acconsentire.

Passò un anno da quella sventurata notte e Minokichi incontrò una ragazza e innamoratosi di lei decise di sposarla. Questa ragazza aveva il nome di O-Yuki e dopo anni di felice amore ebbero dei figli.

Un giorno però lo sposo, attanagliato dal suo segreto con lo spirito Yuki-Onna, decise di liberarsi raccontando alla moglie cosa gli era capitato in quella notte. In quel momento O-Yuki si trasformò rivelando che sotto la sua sposa c'era proprio Yuki-Onna e subito si preparò per uccidere Minokichi per averla tradita.

La divinità venne però mossa da un ultimo atto di pietà: avendo visto le abilità di padre dell'uomo e l'amore che provava nei confronti dei loro figli, decise di lasciarlo in vita con lo scopo di allevare i bambini, poi se ne andò abbandonando casa e famiglia.

6.16 La leggenda del passero della lingua tagliata

Le leggende fino ad ora affrontate erano utili al popolo giapponese come spiegazione di fenomeni naturali ma anche di avvenimenti o cambiamenti delle stagioni e l'alternarsi del giorno e della notte.

Alcune antiche leggende potevano avere anche uno scopo differente, infatti prendevano la forma di una favola e mostravano soprattutto ai bambini il prezzo dell'avidità, la bellezza delle virtù, della gentilezza e della moderazione.

Uno esempio tratto da questa categoria è la leggenda del passero della lingua tagliata, Shita-kiti Suzume.

Un giorno avvenne che un anziano nobile signore noto per la sua generosità e gentilezza si recasse nella foresta per tagliare la legna, ma una volta giunto lì si imbatté in un piccolo passero ferito. Il vecchio provò grande pietà per l'uccello, così decise di raccoglierlo e portarlo con sé a casa sua per occuparsene, curarlo e alimentarlo. Nonostante quest'uomo fosse virtuoso e di animo nobile, sua moglie era al suo opposto, era infatti una donna avida e crudele e quando vide tornare il marito senza legna ma con un animale morente, non lo sostenne. Questo atteggiamento della moglie non fermò il vecchio.

Grazie alle cure umane, l'uccellino cominciò presto a guarire e un giorno, mentre il nuovo padrone era nella foresta e la moglie fuori casa, il volatile restò solo e così cominciò a svolazzare per la cucina trovando della farina di mais che in pochissimo venne completamente mangiata.

La prima persona a rientrare in casa fu però la vecchia donna che infuriatasi per il furto della farina decise di punire il passero tagliandogli la lingua per poi cacciarlo dalla casa.

Più tardi, quando anche il vecchio taglialegna fece ritorno a casa, non trovò l'uccellino, così chiese spiegazioni alla moglie e scoprì quanto era successo. Corse subito a cercarlo nella foresta chiedendo aiuto a tutti i passeri che incontrava e grazie a loro scoprì dell'esistenza di una locanda dei passeri. L'uomo venne portato dai volatili presso la locanda dove venne benevolmente accolto, tanto che poté rivedere e salutare il suo piccolo amico.

Tutti i passeri, per ringraziare il vecchio del salvataggio del loro compagno, gli chiesero di scegliere come dono tra due canestri: uno grande ed uno piccolo. Il vecchio, per sua indole, scelse subito quello più piccolo, ma solo più tardi si renderà conto che in quello era contenuto un tesoro di grande valore.

Rientrato presso la moglie le raccontò quanto era successo e subito la donna si arrabbiò con il marito perché non aveva scelto il canestro più grande, così prese quello piccolo e si recò presso la locanda per chiedere ai passeri di poterlo scambiare.

Gli uccellini decisero di accordare lo scambio, ma con la promessa che la cesta non venisse aperta finchè la donna non fosse arrivata a casa. La donna, poco virtuosa, decise di ignorarli e allontanatasi a sufficienza dagli uccelli aprì il dono e ne uscirono diversi mostri che la spaventarono al punto da farla cadere giù per uno strapiombo e perdere la vita.

6.17 La leggenda della ragazza del treno

La leggenda di Teke-teke è una di quelle storie del terrore che i ragazzi sono soliti raccontarsi nelle notti di paura per divertirsi. La storia infatti racconta di Teke-teke, una ragazza come tante, senza facoltà divine o ascendenze particolari, così comune che, come spesso accade nella vita reale, era vittima di bullismo scolastico. La giovane ragazza, quando era in vita, ricevette continue umiliazioni, prese in giro e percosse dalle quali non era in grado di difendersi.

Un giorno, al termine della scuola, Teke-teke si ritrovava presso la stazione ferroviaria in attesa del treno di ritorno a casa. La fanciulla era tranquillamente assorta nei suoi pensieri quando venne vista da alcuni dei suoi bulli abituali. Costoro decisero quindi di approfittare della distrazione della vittima per architettare uno scherzo: corsero in strada e presero una cicala, poi si avvicinarono a Teke-teke e le gettarono nel retro della maglietta l'animale. Quest'ultimo si posò sulla schiena e cominciò a cantare spaventando la povera ragazza che, colta dalla paura, perse l'equilibrio e cadde sui binari proprio nel momento in cui un treno stava arrivando. Teke-teke perse la vita schiacciata e spezzata in due parti dal treno.

Chi assisté all'incidente e poi continuò a frequentare la stazione cominciò ad affermare con certezza che la ragazza sarebbe morta solo fisicamente, mentre il suo spirito non riuscì mai ad abbandonare il mondo dei mortali, perché aveva ancora tanti conti in sospeso. Si dice che dal giorno dell'incidente si può sentire e vedere nei corridoi della stazione la parte superiore del corpo di Teke-teke che vaga alla ricerca della sua metà inferiore in modo disperato e arrabbiato. Quando incrocia un mortale è solita chiedere dove si trovano le sue gambe e qualche volta, quando particolarmente arrabbiata, li attacca con i suoi artigli arrivando a uccidere i mortali e trasformarli in spiriti che come lei vagano alla ricerca della sua parte inferiore.

6.18 Il cacciatore Hoori

La leggenda di Hoori è trasmessa attraverso i due testi tradizionali più noti: il "Kojiki" e il "Nihon Shoki".

La storia racconta che Hoori era un cacciatore e un giorno, come spesso succede tra fratelli, ebbe una brutta lite con suo fratello Hoderi, un pescatore. I due si scontrarono perché il fratello maggiore gli aveva prestato un amo da pesca e lui lo aveva perso. Poiché Hoderi era convinto che ogni strumento avesse un'anima e fosse unico, costrinse il fratello minore a ritrovare il suo amo da pesca senza cercare di riparare all'errore con un altro, perché non sarebbe stato lo stesso.

107

Hoori quindi, colto dal senso di colpa, scese fin sul fondale del mare nel disperato tentativo di ritrovare l'oggetto perduto, ma non fu assolutamente in grado di ritrovarlo.

Durante la ricerca trovò invece Toyotama-hime, la figlia di Ryujin, il dio del mare (Capitolo 3.8). Avendo fatto amicizia prima e legatosi poi in amore con la figlia, il dio del mare si rese disponibile per aiutare Hoori a trovare l'amo perduto di Hoderi, poi diede la sua benedizione e fece sposare Hoori con la figlia Toyotama-hime. Lo sposo decise quindi di trasferirsi a vivere insieme alla moglie sul fondo del mare e rimase qui per tre anni circa, finché non cominciò a sentire la mancanza del fratello e il desiderio di avere il suo perdono, così ripartì per tornare nel suo paese natale.

Tornato a casa come prima cosa restituì l'amo ritrovato a suo fratello, il quale prontamente lo perdonò, poi lo sposo tornò nuovamente presso il palazzo subacqueo, in quanto la moglie stava attendendo la nascita del loro primo figlio, Ugayafukiaezu.

Durante il periodo in cui Toyotamahime stava dando alla luce suo figlio, fece giurare a suo marito di non guardarla durane il parto, al fine di non fargli scoprire il suo vero aspetto fisico. L'uomo però, troppo curioso, decise di infrangere la promessa, guardò la moglie e scoprì che in realtà non era la bellissima donna che mostrava a tutti, bensì un drago ed in particolare un wani (in italiano viene tendenzialmente tradotto come coccodrillo e a volte anche squalo). La giovane femmina di drago si vergognò così tanto che andò a ripararsi presso il padre e a farsi consolare senza più trovare il coraggio di uscire e farsi vedere dal marito.

Diventato grande, Ugayafukiaezu sposò Tamayori-hime, la sorella di colei che lo aveva allevato sin da piccolo, Toyotama-hime. Fu la sua "madrina" a dare alla luce il primo Imperatore del Giappone.

Hoori prese il titolo di reale di Takachiho (ovvero una delle provincie di Hyuga) per per 560 anni.

Hoori è tutt'ora adorato come una divinità e gli viene principalmente riconosciuta la protezione del grano e di tutti i cereali in generale.

Capitolo 7

La Tradizione Oggi

In questo settimo ed ultimo capitolo ci dedicheremo a due grandi argomenti: per prima cosa andremo a prendere in considerazione come oggi in Giappone si vive la tradizione, quale peso assume, quanta importanza ha e come tutt'ora la popolazione è ancora così legata al passato. Quindi osserveremo le modalità di trasmissione, l'interesse delle persone nei confronti di una storia così lontana, le motivazioni che ancora le tengono legate e le modalità di celebrare ciò che persiste ad essere importante e rilevante.

Nella seconda parte del capitolo invece faremo delle conclusioni rispetto all'intero libro e trarremo alcune considerazioni finali inerenti il percorso fatto in tutte queste pagine.

Alla fine di questo capitolo potrete invece trovare un'ultimissima sezione dedicata al glossario. In una tabella saranno infatti raccolti i nomi di tutti i personaggi di maggiore rilievo del libro accompagnati dal significato o dal ruolo rivestito.

Veniamo quindi alla scoperta di questo ultimo capitolo.

7.1 La tradizione ai giorni nostri

Eccoci quindi arrivati alla prima sezione del capitolo, utile per scoprire come ad oggi in Giappone viene vissuta tutta la tradizione che fino ad ora abbiamo provato a conoscere un pochino meglio.

Già nel primo capitolo abbiamo detto che per le leggende e tutto ciò che riguarda la tradizione divina e religiosa nipponica si fa riferimento a due grandi testi: il "Kojiki" e il "Nihongi", che altro non sono se non due grandi tomi storici anche chiamati annali. In poche parole, erano dei testi che andavano a seguire pedissequamente l'andamento dell'anno sui quali venivano annotati in modo preciso e rigoroso tutti gli eventi che accadevano e il susseguirsi dei personaggi più influenti, la variazione della popolazione, del cibo ma anche della religione e del credo del popolo, per questo i due testi sopra citati sono ritenuti i più ricchi e importanti.

Abbiamo visto che non solo i Kami ma anche gli spiriti stanno ovunque, in ogni forza, oggetto, variazione poco spiegabile o elemento della natura, per questo negli annali se ne trovano moltissime informazioni: nel momento in cui scoppiava una tempesta violenta, il fenomeno veniva annotato insieme alla spiegazione che la tradizione era solita attribuire.

Bene, i giapponesi sono soliti mantenere tante delle loro tradizioni più antiche e soprattutto cercano di tenere vivi i rituali del ringraziamento e della preghiera agli Dei, al fine che questi possano vegliare su di loro, salvaguardarli e soprattutto non arrabbiarsi.

Per ottenere la benevolenza dei Kami o degli altri mostri ed esseri spirituali di cui abbiamo già parlato, in Giappone viene utilizzata la parola Matsuri, che indica tutte le numerosissime festività, celebrazioni e grandi manifestazioni che rendono le leggende e gli spiriti qualcosa di moderno. Durante i Matsuri si possono vedere sfilate di carri allegorici, i dashi, tamburi suonanti, flauti e altri strumenti musicali. Ci sono festival continui in Giappone in ogni stagione dell'anno; alcuni sono di carattere religioso, altri invece hanno un legame storico o culturale con il luogo in cui vengono celebrati.

Vediamo insieme le due più grandi e famose festività folkloristiche giapponesi che mantengono viva la tradizione e contribuiscono particolarmente a tramandarla.

7.1.1 Tanabata Matsuri

Nel capitolo 6.8 abbiamo raccontato la storia di due stelle, Kengyu e Shokujo, separate dalla Via Lattea ma con la possibilità di incontrarsi una sola volta all'anno, il settimo giorno del settimo mese del calendario cinese. Questa festa di amore eterno e lontananza viene chiamata la Festa Tanabata Matsuri, ma anche Festa delle Stelle Innamorate. Ad oggi il Tanabata viene festeggiato il 7 luglio e assume moltissimi significati ed è diventata una delle più famose tradizioni folkloristiche giapponesi note in tutto il mondo. La giornata è caratterizzata da grandi, colorate e vistose decorazioni, rami degli alberi colmi di bigliettini di carta sui quali vengono scritte le preghiere e i desideri che le persone vogliono inviare alle stelle, parate, sfilate musicali e tanto cibo tradizionale. Le decorazioni vengono solitamente realizzate in carta e si costruiscono origami rappresentanti le gru, ma vengono utilizzate anche le reti da pesca, piccole borsette e strisce di carta colorate penzolanti.

La popolazione giapponese sfrutta inoltre questa giornata di festa per indossare il proprio Yuata, ovvero il tradizionale Kimono, poi prende parte alle parate, ai festeggiamenti, balla, gioca e si diverte. La giornata viene sempre chiusa con un gioco di fuochi d'artificio allo scopo di ringraziare e celebrare il grande amore tra Vega e Altair, che in questo unico giorno dell'anno possono finalmente ritrovarsi e rivivere il loro amore.

112

7.1.2 La Golden Week

La Golden Weeek, o Ponte lungo, è uno di quei momenti in cui il ferreo equilibrio laborioso giapponese si interrompe per dare spazio e tempo alla creatività e alla festa. La settimana si svolge dal 29 Aprile al 5 Maggio sin dal decreto istituito nel 1948. La settimana venne così istituita con lo scopo di festeggiare e celebrare il compleanno dell'imperatore. Questa pausa e Matsuri venne istituita come un'occasione fissa perché l'imperatore era ed è considerato in Giappone al pari di un Kami o una divinità, pertanto è importante e obbligatorio festeggiarlo nel modo migliore.

La settimana si apre con la prima grande festa in onore dell'imperatore Showa, infatti il giorno prende il nome di Showa Day.
Il 1° Maggio viene festeggiato con parate e manifestazioni, ma non è festa nazionale, quindi il giorno non è considerato festivo.
Il 3 Maggio è considerato il giorno della festa della Costituzione, infatti sono organizzate manifestazioni che risaltano le tradizioni, gli usi e i costumi popolari giapponesi.
Il 4 Maggio prende il nome di Festa del Verde ed è un vero e proprio tripudio di colori, fiori, parchi allestiti e giardini addobbati allo scopo di onorare la Primavera e la rinascita che questa è solita portare con sé.
Il 5 Maggio è il Kodomo no hi, ovvero il giorno dei bambini, un momento per loro speciale. Nelle case si espone l'armatura dei samurai che si dice essere i protettori dei bambini, si appendono le carpe fatte di cartapesta che hanno l'abilità di risalire i corsi d'acqua, per questo rappresentano la forza e la vitalità che contraddistingue anche i bambini. A questi ultimi, in questa giornata, viene fatto un bagno con i fiori di iris e per colazione ricevono il Kashiwa Mochi, ovvero un Mochi di riso molto dolce e

gommoso, preparato solo in onore di questa giornata perché adorato dai più piccoli.

Conclusioni

Eccoci quindi giunti alla fine di questo libro dedicato alla tradizione religiosa giapponese, agli spiriti, alle divinità, alle leggende e agli esseri più strani e temuti dalla popolazione.
Chiaramente non può essere contenuta in un solo libro tutta la tradizione che regge la religione, gli usi, i costumi e l'apparato anche burocratico e politico di un popolo. Questo concetto vale ancora di più nel momento in cui si parla del popolo giapponese che si regge quasi esclusivamente su tradizioni di questo genere.
Il viaggio fatto in questo testo è stato comunque lungo, abbiamo incontrato così tante personalità, spiriti e storie che sicuramente hanno lasciato in noi qualcosa, anche se siamo così lontani da un popolo dalla cultura tanto profonda ed è proprio la profondità di questa cultura il motore di un libro come questo che non è un manuale e nemmeno una raccolta, ma un testo che ha lo scopo di avvicinare tutti i lettori al popolo nipponico.
Abbiamo visto che la cultura giapponese è tanto complessa, tanto articolata e molto più difficile di tante altre, perché fondata su una serie di leggende e miti che sappiamo non hanno sempre una base scritta da cui trarre la verità dei fatti o degli episodi, è per questa ragione che non sempre sappiamo classificare in ordine cronologico ciò che leggiamo. La mancanza di ordine e di datazione temporale rende la cultura semplicemente complicata. Inoltre, la tradizione giapponese ha subito moltissime influenze, tra le quali quella cinese ma anche quelle occidentali.
Ciò che invece non dobbiamo mai dimenticare è la quantità di concetti ed emozioni che una cultura così radicata, così lontana nello spazio e nel tempo ha riportato anche sul resto del mondo. Sì, una piccola isola ha influenzato l'intero globo ed è così conosciuta sia da un punto di vista storico ma anche culturale.

La tradizione giapponese intende soprattutto trasmettere l'importanza del ricordo ed è bello vedere la necessità della trasmissione della cultura in un paese così all'avanguardia ma anche così tanto legato al proprio passato. Fondamentale quindi è il racconto, la celebrazione e la festa.

Ancora, la tradizione giapponese vuole mostrarci anche quanto il legame con la natura è importante, quanto è utile e necessario ringraziare per il luogo in cui si vive, conoscerlo, custodirlo e rispettarlo, altrimenti si finisce per ricevere conseguenze negative, si è vittime di cataclismi o disastri naturali o di pestilenze e di malattie. Secondo i giapponesi, infatti, è importante rispettare e onorare i Kami che sorvegliano su un determinato dettaglio o fattore della natura, dai più grandi come il sole, sino ai più piccoli come un semplice sasso o una piccola tartaruga del mare. Sono le leggende che dimostrano che se si trascura la natura e gli Dei si finisce per diventarne vittime, se invece la si rispetta non si può far altro che goderne in piena felicità.

I personaggi di questo libro sono tantissimi, è vero, per questo ho pensato di aggiungere, al termine del testo un glossario che possa aiutarvi nella lettura così da procedere al meglio potendo avere sempre sott'occhio il nome dei soggetti principali ma anche le loro caratteristiche, poteri e peculiarità.

Concludo quindi questo libro augurando ad ogni lettore di trovare in queste parole un po' della magia giapponese, della cultura e di interesse ad approfondire questa stupenda e immensa cultura. Auguro anche di scoprire qualcosa di nuovo, leggere una versione diversa delle leggende che già si conoscevano e magari scoprire i perché di qualche usanza giapponese di cui si era già sentito parlare. Beh, chi non ha mai sentito parlare dei Samurai, delle loro spade o del Kimono, ma chi si immaginava tutte queste storie e vicende? Bene, ora sappiamo che nessun nome è posto per caso nella cultura nipponica, nessuna vicenda avviene per sbaglio e nessuno agisce per nulla. Come già anticipato, questo testo non può essere considerato un manuale o un grande compendio di mitologia giapponese, perché tutta la cultura non sarebbe potuta entrare in un solo libro. Deve invece essere interpretato come un assaggio delle parti più belle, colorate, avvincenti e note della grande tradizione mitologica giapponese.

Spero di averti strappato, almeno per qualche istante, al grigiore della realtà, divertendoti ed emozionandoti con storie che hanno dell'incredibile. Nel caso fossi riuscito nel mio intento, ti chiedo di lasciarmi una recensione, per farmi sapere se il libro ti è piaciuto.

Grazie per essere arrivato fin qui,

Luigi Trentini

Glossario

Akugyo: Yokai a forma di pesce gigante

Ama-no-Uzme: Spirito dell'alba

Amaterasu-ō-mi-Kami: Divinità del Sole

Amatsu Kami: Volta Celeste

Amenominakano Kami: Dio invisibile del Cielo di Mezzo

Amikiri: Demone il cui scopo è bucare le zanzariere

Awano Shima: Secondo figlio Kami

Bake-yujira: Demone avente l'aspetto di uno scheletro di balena

Baku: Mostro di origine cinese composto dall'unione di più parti animali

Benzaiten: Kami protettrice della musica, delle arti, della saggezza, di ciò che scorre, del tempo, delle parole, degli astri, della bellezza e della conoscenza

Bishamonten (anche chiamato **Vaisravana**): Kami protettore dei guerrieri, della saggezza e del culto

Boroboroton: Yokai che durante il giorno è un semplice futon, mentre durante la notte prende vita e tenta di strangolare gli esseri umani

Buko: Divinità protettrice di una montagna

Cho no yurei: Yokai delle persone defunte con forma di animale

Daikoku: Kami protettore della prosperità, dei cinque cereali, della cucina, della felicità, della ricchezza, della famiglia e dell'oscurità

Ebisu (anche chiamato **Hiruko**): Kami protettore dei pescatori, dei mercanti, della fortuna, della buona sorte e della salute dei bambini e neonati. Anche chiamato Dio Ridente

Ebisu Saburo: Uomo della popolazione Aiunu che salvò Ebisu

Ebsu: Kami protettore dei pescatori

Fūjin: Divinità del Vento

Fukurokuju: Kami protettore della felicità e della ricchezza

Futakuchi-onna: Yokai umanoide

Gashadokuro: Yokai a forma di scheletro

Goryo: Spiriti degli aristocratici morti per omicidio

Gotaimen: Yokai dalla forma di testa umana

Gozury: Drago a cinque teste

Hachiman: Kami protettore dei guerrieri samurai, della guerra e dell'intero paese

Han'yo: Figli di Yokai e uomini

Hannya: Demone rappresentante le donne divorate dalla gelosia. Versione femminile di Oni.

Hara-Yamatsumi: Kami delle montagne

Ha-Yamatsumi: Kami delle montagne

Henge: Sono tutti gli Yokai animali

Hikobosh: Reincarnazione della stella Altair

Hinokagatsuchi: Secondo nome di Kagutsuchi

Hiruko: Primo Kami, il bambino debole

Hiruko: Kami protettore del sole

Hotei: Kami protettore della felicità, della gioia e dei bambini

Ikiryo: Anima degli esseri umani viventi, quando lasciano il corpo

Inari: Kami protettore del riso, della fertilità, all'agricoltura, all'industria e delle volpi

Izanagino Mikoto e Izanamino Mikoto: Coppia divina: Ying e Yang. Genitori della maggior parte dei Kami

Jatai: Stoffe che hanno assunto un ruolo mistico

Jingu: Imperatrice

Juroujin: Kami della longevità e protettore della vita

Kagutsuchi: Divinità del fuoco

Kaguya: Principessa del X secolo

Kami: Varie Divinità shintoiste

Kamimusubi: Padre di Sukuna – hikona

Kamumimusubino Kami: Divinità della creazione

Kappa (anche chiamato **Kawataro** o **Kawako**): Mostro abitante delle masse di acqua

Kasa-Obake: Ombrello, che si trasforma in un essere con una sola gamba

Ki no kami: Kami a forma di albero

Kirin: Yokai animalesco

Kitsune: Yokai a forma di Volpe

Kodama: Spiriti abitanti degli alberi e delle foreste

Konohananosakuya-hime: Kami protettrice del monte Fujisan

Kuminotokotacino Mikoto: Divinità solitarie della creazione: i Cinque Elementi

Kunisatsucino Mikoto: Divinità solitarie della creazione: Acqua

Kura-Yamatsumi: Kami delle montagne

Kusunoki Masashige: Samurai simbolo di fedeltà

Masaka-Yamatsumi: Kami delle montagne

Minamoto no Tametomo: Samurai abile nel tiro con l'arco

Minamoto no Yorimitsu (anche chiamato **Minamoto no Raiko**): Samurai

Minamoto no Yoshitsune: Samurai discendente dai Tengu

Miyamoto Musashi: Samurai abile con la spada

Myoken: Divinità del Crepuscolo o della Stella Polare

Nagasaki no suiko: Mostro: tigre marina

Ninigi: Nipote di Amaterasu

Oda Nobunaga: Samurai del gruppo dei tre unificatori

Odo-Yamatsumi: Kami delle montagne

Ohijinino Mikoto e Suhijinino Mikoto: Coppia divina: Fuoco

Ohotonojino Mikoto e Onotonobeno Mikoto: Coppia divina: Metallo

Ohoyamato Akitsushima: La più grande delle isole giapponesi

Ojizousama: Statue rappresentanti gli spiriti dei bambini morti

Ōkuninushi: Kami protettore dell'identità nazionale, degli affari, della medicina e dell'agricoltura

Oku-Yamatsumi: Kami delle montagne

Omodaruno Mikoto e Kashikoneno Mikoto: Coppia divina: Legno

Oni: Demone

Onryo: Spiriti dei mariti o compagni morti e traditi in vita

Orihime: Reincarnazione della stella Vega

Otohime (anche chiamato **Toyotama- hime**): Kami del suono. Figlia di Ryujin

Ōyamatsumi: Kami protettore dei marinai e dei soldati; governatore delle montagne

Preta: Spiriti che si sono reincarnati in esseri vissuti in condizioni inferiori rispetto agli umani e agli animali

Raijin: Divinità dei tuoni e dei fulmini

Rokurokubi: Yokai dall'aspetto di una donna

Ryujin: Kami protettore delle masse di acqua e dei mari, delle maree, dei pesci e di tutte le creature marine

Saigo Takamori: Ultimo dei samurai vissuti

Sakamoto Ryoma: Samurai dallo spirito romantico

Sanada Yukimura: Il più coraggioso dei Samurai

Sarasvati: Kami protettrice dei fiumi e delle acque che scorrono

Sarutahiko Okami: Kami protettore dei terrestri in generale, della disciplina, della forza, dell'Akido e della purezza dell'anima

Seidamyojin: Yokai a forma di scimmia

Shigi-Yamatsumi: Kami delle montagne

Sukuna – hikona: Kami protettore dell'agricoltura, della conoscenza, della magia, della guarigione, del sake e degli onsen

Susanoo: Kami delle tempeste, dei mari e degli uragani

Suwa: Moglie del Kami Buko

Taira no Masakado: Samurai

Taizan Fukun: Kami protettore del monte T'ai

Takamimusubono Kami: Divinità della creazione

Takemikazuchi: Kami che controlla e genera i tuoni, protegge le spade e la lotta

Tamase (anche chiamato **Hitodama**): Fuoco fatuo simboleggiante le anime dei defunti

Teke-teke: Ragazza vittima di bullismo, protagonista della leggenda de "la leggenda della ragazza del treno"

Tengu: Demone di natura benevola abitante delle montagne

Tenjin: Divinità protettrice dello studio, dell'intelligenza, del sapere, della curiosità, degli universitari e di tutti gli studenti

Tentei: Dio del Cielo

Tokugawa Ieyasu: Samurai del gruppo dei tre unificatori

To-Yamatsumi: Kami delle montagne

Toyokumununo Mikoto: Divinità solitarie della creazione: Terra

Toyotama-hime: Figlia del Kami Ryujin

Tsuchigumo: Ragno di terra Yokai

Tsukumogami: Yokai dalla forma di un oggetto

Tsukuyomi-no-mikoto: Divinità della luna

Ubume: Spiriti delle donne morte in gravidanza

Ugajin: Kami del cibo

Uke – mochi: Dea che possiede il cibo

Uke-Mochi: Divinità del cibo

Yamauba: Demone abitante delle montagne

Yokai: Spiriti soprannaturali, esseri spaventosi e talvolta malvagi

Yomi: Inferi

Yoyotomi Hideyoshi: Samurai del gruppo dei tre unificatori

Yuki Onna: Yokai di forma femminile

Yurei: Fantasmi e creature invisibili

Printed in Great Britain
by Amazon

35115617R00069